Thinking, Feeling, Behaving
(Second Edition)

"REBT를 활용한 정서교육 프로그램 ❷"

Ann Vernon 저
박경애 · 신예덕 · 권숙경 · 김수형 공역

중 · 고등학생용

학지사

Thinking, Feeling, Behaving:
An Emotional Education Curriculum for Grades 7–12
by Ann Vernon

역자 서문

이 책은 REBT(Rational Emotive Behavior Therapy)로 알려져 있는 인지 · 정서 · 행동치료이론에 그 근간을 두고 있다. 인지 · 정서 · 행동치료는 인간이 겪는 부적절한 정서와 부적응적 행동의 문제는 역기능적 사고 및 그 과정이 원인이므로 이것을 찾아 교정하여 건강하게 기능하는 방법을 제시해 주고 있다. 역자 대표는 그동안 REBT이론을 이해하고 적용하기 쉽게 수준별 교육과정을 개발하고 보급하면서, 그리고 임상장면에서 REBT를 적용한 상담 및 심리치료를 수행하면서 아동 및 청소년을 위한 교육용 프로그램의 필요성을 절실하게 느껴 왔다. 왜냐하면 아동 및 청소년은 그 인지적 특성이 성인의 그것과는 달라 아직도 형성 과정 중에 있기 때문에 REBT의 교육적 특성을 활용하여 올바른 신념체계를 형성하게 되면 성인처럼 왜곡된 신념의 교정에 드는 에너지와 시간을 절약하여 자신의 성장에 활용할 수 있다는 이점이 있다. 이러한 이유로 십수 년 전 REBT를 아동 및 청소년에게 적용하는 방법에 대해 고민하던 중 이 책을 발견하게 되었고, 숙명여자대학교 박사과정에서 역자 대표의 REBT 세미나에 참석했던 학생들과 뜻을 같이하여 원서 초판을 번역하였고, 마침내 이 책(원서 2판)을 번역하게 되었다.

초역은 중학교 1 · 2학년은 권숙경 선생, 중학교 3학년 · 고등학교 1학년은 김수형 선생, 고등학교 2 · 3학년은 신예덕 박사가 각각 맡아서 필요한 부분은 우리나라의 상황에 맞고 이해가 쉬운 내용으로 조정하였다. 역자 대표가 전체를 수합하여 모든 장을 검토하였고 영어의 우리말 표현이 적합하지 못한 부분을 찾아 영어번역 전문가의 도움을 받아서 적절한 의역을 시도하였다. 그런 후에 전체의 장을 면밀히 재검토하여 내용에 통일감과 조화를 유지할 수 있도록 최종 번역을 완료하였다.

『REBT를 활용한 정서교육 프로그램: 중 · 고등학생용』은 중 · 고등학교 학생 및 그 연령에 해당하는 청소년용으로 제작된 사고 및 정서교육 프로그램이다. 그러므로 이 책에서는 '학생'과 '청소년'으로 용어를 혼용하여 사용하였다. 이 책은 REBT에 대한 충분한 지식을 지니고 있는 학교 교사, 상담교사, 학교사회복지사, 청소년상담자, 사회복지사 등 학생들의 정신건강과 사고 및 정서교육을 담당하는 전문가는 누구라도 활용할 수 있다. 본문에 있는 구조화된 프로그램을 적용하는 과정에서 내용을 아동 및 청소년의 인지 수준에 맞게 풀어서 설명해 주고, 모르는 단어에 대한 구체적인 설명이 선행되어야 하는 경우도 발생할 것이다. 또한 한 단계씩 낮추어 적용해도 좋다. 예를 들어, 고등학교 2 · 3학년의 아이들을 대상으로 이 프로그램의 중학교 3학년 · 고등학교 1학년용을 사용해도 무방하다. 또한 이 책의 고등학교 2 · 3학년 프로그램은 대학의 학생상담실에서 대학생들을 위한 사고 및 정서 훈련프로그램으로 활용할 수 있다. 또한 각 영역에서 집단의 리더가 적합하다고 판단되는 프로그램을 선정하여 활용할 수도 있다. 이때 프로그램의 원줄기에 충실하면서 융통성을 발휘하는 지혜가 필요하리라 생각된다.

이 프로그램을 성공적으로 잘 수행하기 위해서 각 영역의 활동에서 제시하고 있는 준비물 등을 잘 마련해야 되는 수고가 요구됨을 사족으로 더한다.

이 책이 최선의 번역이 될 수 있도록 많은 정성을 기울여 준 공동역자 신예덕 박사, 권숙경 선생, 김수형 선생에게 깊은 감사의 마음을 전한다. 특히 이 책의 초등학생용 공동역자로 참여한 윤정혜 박사는 여러 공동역자들과 연락사항을 주고받느라고 많은 수고를 하셨다. 특별히 고마움을 표한다.

2018년 8월

광운대학교 연구실에서

역자 대표 박경애

저자 서문

Albert Ellis는 초등학교 시절 주로 집을 보며 홀로 지내면서 자신의 감정을 대처하는 방법으로 REBT의 토대가 될 만한 아이디어를 생각해 냈고, 20대 초반에 자신의 심각한 수줍음을 극복하는 방법으로 REBT를 창안해 냈다고 한다. 그 후 1960년대에 Ellis는 REBT를 활용하여 개인과 부부들에게 전문적 치료를 시작하였다. 그러면서 그는 두 가지 흥미 있는 사실에 주목하였다. 첫째, 성치료와 부부치료가 정신분석적인 개인상담보다 더 직접적인 교육을 필요로 한다는 것이었다. 둘째, 성치료와 부부치료의 내담자들이 개인상담의 내담자들보다 훨씬 더 빨리 개선되었다는 점이다.

REBT가 비록 성인들에게 적용하기 위한 심리치료로 시작되었지만 항상 심리교육이 강조되어 왔다. REBT는 원리와 신념을 직접적으로 가르칠 뿐 아니라 어린 학생들에게도 이해될 수 있으며, 치료상황 밖에서도 정서적인 문제를 극복하기 위해서 쉽게 사용될 수 있다.

이 책은 아동 및 청소년을 위한 것인데, Ann Vernon이 Ellis의 초기 작업들을 확장시켰으며 REBT의 또 다른 많은 임상가는 REBT의 원리를 가르칠 수 있도록 가장 자세하고 명확하며 이해하기 쉽도록 각 장들을 만드는 데 기여하였다. 중요한 점은 여기에 제시된 활동내용은 교육현장에서 이루어진 아동 및 청소년에 대한 수많은 연구결과에 기초하고 있다는 것이다. 또한 이 내용들은 정서적인 문제를 가지고 있는 학생의 경우 특히 유용하게 사용될 것이다.

마지막으로, 연구들은 학생들이 정서적으로 건강해지도록 돕기 위한 노력은 문제가 일어나기 오래 전에 시작하는 것이 가장 중요함을 보여 주고 있다. 아동 및 청소년과 개인상담 및 집단상담을 실시하고 있는 심리치료자들이나 상담자들의 (이 책에 포함된 내용들이) 실제 활동에 도움이 된다고 확신한다. 이 책이 교육현장에서 아동 및 청소년을 돕기 위한 일환으로 널리 활용되고 적용되기를 기대한다.

이 책의 내용과 활용법

우리는 급변하는 변화의 시대 속에 살고 있다. 우리 모두는 더 이상 예측할 수 없고 안전하지 않은 세상에 적응해야 하는 도전에 직면해 있다. 학생들에게도 성장하는 것이 이전보다 더욱더 어려운 일이 되고 있다. 많은 젊은이가 이러한 인생의 도전들을 극복할 수는 있지만 어린 시절의 스트레스는 널리 퍼져 있다. 어린 시절의 우울과 자살 역시 증가 추세이다. 이런 문제들은 많은 젊은이가 아동기 발달을 특징짓는 전형적인 목표뿐 아니라 현재의 논란거리들에 대처하는 것이 얼마나 어려운가를 극적으로 표현해 주고 있다.

이러한 실제들에서 드러난 것처럼 우리가 학생들의 사회적 · 정서적인 발달을 다루는 것은 피할 수 없는 일이다. 부모들은 이 많은 짐을 필수적으로 짊어져야만 한다. 그리고 학교도 역시 이런 학습이 잘 되도록 격려해야 한다. 교육자로서 그리고 상담자로서 우리는 아동 및 청소년에게 많은 지식과 정보뿐만 아니라 이 급변하는 현대 사회에서 성공적으로 살아가기 위한 생존의 기술도 잘 가르쳐야 할 책임이 있다. 학생들이 사회적 · 정서적인 발달에 대처하지 못하는 것은 단지 그들이 배우는 능력을 방해할 뿐 아니라 문제를 다루는 방법을 자기 파괴적으로 적용할 수 있는 가능성이 높아질 수 있음도 유념해야 한다.

사고 및 정서교육 프로그램

두 권의 책으로 나온『REBT를 활용한 정서교육 프로그램 1: 초등학생용』과『REBT를 활용한 정서교육 프로그램 2: 중 · 고등학생용』의 목적은 교육자들, 상담자들, 학교 심리학자들, 사회 사업가들 그리고 학교에서 그 밖의 일을 담당하는 사람들에게 아동 및 청소년이 긍정적인 정신적 건강개념을 학습하도록 도와줄 포괄적인 교육과정을 제공하는 것이다. 각각의 책은 현장에서 시범 적용해 보고, 학년별로 등급을 매겨서 다음과 같은 다섯 가지의 소주제로 분류하였다. 각 주제는 자기수용, 감정, 신념과 행동, 문제해결/의사결정, 인간관계 영역으로 총 105개의 활동으로 이루어졌다.

이 교육과정은 다음의 몇 가지 측면에서 정신적 건강개념을 가르치기 위한 다른 과정들과 구별된다. 우선, 각 활동은 해당 학년에 맞게 발달상으로 적당하고 서로 연계가 있는 내용으로 구성하였다. 두 권의 책은 서로 연관되어 초등학교 1학년부터 고등학교 3학년까지의 학생들을 위해 통합된 프로그램을 제시하고 있다. 각 발달적 수준에서 이 프로그램을 받아 본 경험이 있는 학생들은 다음 프로그램에서 노력을 덜 들이고도 체계적인 효과를 기대할 수 있었다.

다음으로 각각의 활동은 특정한 목표를 성취하고자 한다. 이러한 목표들은 강조하기 위한 개념들과 기대하는 결과들의 지침을 제공한다. 또한 각각의 활동은 만약 필요하다면, 부연할 수 있는 내용질문과 개인적인 토론질문 모두를 포함한다. 내용질문은 개념을 확실하게 파악하게 해 주는 반면에, 개인적인 토론질문은 학생들이 배운 개념들을 자신의 삶에 적용할 수 있도록 격려한다. 개인적인 토론질문의 내용은 학생들이 배운 지식을 자신의 성장에 대처하는 데 활용하도록 돕기 때문에 매우 중요하다. 마지막으로, 학생들의 연역적 이해를 끌어내기 위해 시뮬레이션 게임, 역할놀이, 이야기, 작문활동, 아이디어 쏟아 놓기 활동, 미술활동 등에 참여하도록 하였다.

아마도 이 교육과정의 가장 중요한 특징은 그 내용이 정서교육에 아주 적합한 체계인 인지·정서·행동치료(REBT)의 이론적 원리에 강한 근거가 있다는 것이다. 그 이유는 다음과 같다. 첫째, REBT의 기초적인 원리는 대부분의 지능 수준이 있는 연령대의 학생들에게 쉽게 이해될 수 있으며, 적용되고 응용될 수 있다. 둘째, REBT는 행동적이고 정서적인 자기 통제기술을 가르친다. 마지막으로, REBT는 여러 가지 인지적·감정적·행동적 기술을 가르치는 것을 지지한다. 가장 중요하게는 REBT이론이 본질적으로 교육적이기 때문에 REBT의 다양한 개념이 정서교육 과정에 쉽게 통합될 수 있다.

인지·정서·행동치료(REBT)의 원리

이론의 기본적인 전제를 간단히 설명하고자 한다. 다만, 여기서는 간단한 개요만 언급하기 때문에 REBT에 익숙하지 않은 독자들은 이 책의 내용과 활용법의 끝부분에 적혀 있는 참고서적들을 더 깊이 공부하는 것이 도움이 될 것이다.

인지·정서·행동치료(REBT)를 창안한 Albert Ellis(1955)에 따르면, REBT는 일반적으로 정서적인 문제들이 사건 그 자체보다 사건들에 대한 잘못된 생각 때문에 생겨난다는 가정에 기초를 두고 있는 상담의 개입방법이다. 그러므로 REBT는 인지적-정서적-행동적 체계를 수반한다. 이러한 생각은 정서적 혼란을 A-B-C 이론으로 설명하며, 여기서 A는 선행사건, B는 사건에 대한 생각, 그리고 C는 정서적이고 행동적인 결과를 말한다.

많은 사람은 선행사건들이 결과를 야기한다고 생각한다. 그러나 REBT에서는 사건에 대한 생각들이 어떤 결과를 초래하는 데 중요한 요인이라고 생각한다. 만약 생각이 합리적이라면, 그 생각이 사람들로 하여금 건설적으로 행동하게 하여 그들의 목표를 달성하게 하는 적절한 정서를 갖게 한다. 반대로, 비합리적인 생각은 화, 분노, 우울과 같은 혼란된 정서를 갖게 해서 목표 달성을 어렵게 한다.

Ellis(1996)에 따르면, 모든 비합리적인 신념은 기본적인 당위적 사고에서 파생하며 다음과 같은 진술을 포함한다. 그것은 자신과 타인을 향해 탓을 돌리는 진술문, 어떻게 세상이 돌아가고 사물이 되어야만 하는지에 대한 요구적이고 비현실적인 견해, 사건을 과장하는 끔찍하다는 진술문, 그리고 좌절을 참을 수 없다는 낮은 인내심이다.

Waters(1982)는 이러한 비합리적인 신념이 청소년과 관계되었을 때 다음과 같은 표현으로 나타날 수 있다고 말한다.

> 다른 사람들이 나를 좋아하지 않는다면 그건 끔찍한 일이야. 나는 실수를 하면 안 돼. 특히 사회적 실수를 하면 안 돼. 모든 게 내 뜻대로 되어야 하고 원하는 것을 다 얻을 수 있어야 해. 나를 위해 일들이 쉽게 이루어져야 해. 세상은 공정해야 해. 나는 반드시 이겨야 해. 나는 그 어떤 것에 대해 기다릴 필요가 없어. 실수를 할 위험에 처하는 것보다는 도전을 피하는 것이 더 나아. 난 나의 친구들에게 인정을 받아야 해. 나는 비판을 견딜 수 없어. 내가 비참한 것은 부모님의 잘못이야. 나는 스스로 할 수 없어(Waters, 1982, p. 572).

일단 비합리적인 신념이 확인되면, A-B-C 패러다임의 D와 E가 작동된다. 논박(D)은 사건에 대한 가정들에 질문을 함으로써 비합리적인 신념들에 도전하는 것을 의미한다. 논박이 진행됨에 따라 비합리적인 신념은 효율적인 새로운 철학인 합리적 신념으로 대치되고 그 효과(E)로 정서도 더욱 완화되어 나타난다.

설명을 위해 준수의 사례를 보면, 그는 친구의 생일파티에 초대를 받지 못한 여덟 살 학생이다. 만약 준수가 파티에 초대받지 않았기 때문에(A-선행사건) 화가 났다면(C-감정적인 결과) 준수는 친구가 자신을 초대하지 않아서 가지 못했다는 것 때문에 지독하게 싫다고 자신에게 말할 것이다. 그는 초대되지 않았기 때문에 자신이 가치 없음에 틀림없다고(B-비합리적인 신념) 할 것이다. 준수가 문제를 다루는 것을 돕기 위하여 우리는 논박(D)으로 이러한 비합리적인 신념들에 도전하도록 용기를 줄 수 있다. 그렇게 하기 위하여 우리는 준수가 문제의 전체를 조망하고 강렬하지 않은 감정(E)을 가질 수 있도록 다음과 같은 질문을 할 수 있다.

1. 네가 파티에 초대받지 못한 것만으로 네가 실제로 좋은 아이가 아니라는 것을 의미한다고 할 수 있니?
2. 네가 초대받지 못했던 또 다른 이유는 무엇일까?
3. 너를 제외한 모두가 초대를 받았다고 생각해 보자. 그것은 네가 견딜 수 없는 끔찍한 일이라는 것을 의미하니?
4. 단지 네가 원한다는 이유만으로 친구가 왜 너를 초대해야만 하는 거니?
5. 네가 파티에 초대받지 못했다면 어떻게 이런 상황을 다룰 수 있을까?

아동 및 청소년을 위한 REBT의 적용

1970년에 뉴욕의 Rational Living 연구소(Institute of Rational Living)는 사립초등학교 Living School을 개교하였다. 이 학교의 목적은 전형적인 초등학교 수준의 교육과정에 추가하여 REBT 개념을 교육하는 것이었다. 이 학교의 교육과정이 운영되는 동안에 학생들의 정서적인 건강성을 향상시켰다는 것이 증명되었다. 현재에도 REBT는 아동 및 청소년을 위해 교육현장에서뿐만 아니라 개인상담 및 집단상담 등의 상담현장에서 광범위하게 활용되고 있다.

REBT 원리에 기초를 둔 정서교육 과정이 학령기 아동 및 청소년에게 성공적인 몇 가지 이유가 있다. 첫째, REBT는 심리교육적 특성을 지니고 있고 긍정적인 정신건강의 개념을 학생들에게 가르침으로써 학생들 스스로 자신을 돕는 것을 교육할 수 있다. 더욱 중요한 것은 REBT는 오늘날 학생들이 직면하는 여러 가지 문제와 관련된 핵심이 되는 비합리적인 신념을 수정하도록 시도한다. 예를 들면, 아동 및 청소년은 자신의 성적이 좋다거나 나쁜 수행의 문제를 자기 가치와 동등한 것으로 여기기 때문에 결코 좋은 감정을 느낄 수 없다. 어떤 사건에 대하여 끔찍하게 여기고 자기 패배적인 방법으로 반응한다(예를 들어, 술을 남용하거나 또는 식이장애가 생기기도 한다). 문제에 대하여 과잉 일반화된 조망을 하거나 또는 조망을 잃어버리고 충동적으로 반응한다(심지어 자살에 이르기도 한다). 게다가 많은 아동 및 청소년은 세상일이 자기 뜻대로 돌아가야만 한다고 지각하는 등의 비합리적인 태도에 쉽게 사로잡히는 것처럼 보인다. 이러한 조망은 열심히 노력해야 한다는 사실과 인생에 대한 장기적인 목표를 수립해 나가는 데 있어서 인내심을 잃어버리는 결과를 초래한다. 결국 학생들 스스로 생각을 바꿈으로써 부정적인 감정을 변화시키는 것을 배우지 않는 한 예방이나 치료를 위한 노력들은 별로 효과가 없을 것이다. REBT의 핵심 목표는 사람들로 하여금 생각들을 성공적으로 바꾸도록 돕는 데 있다.

이 책에 있는 활동들은 다양한 참여자 활동과 연역적인 질문을 통하여 핵심이 되는 비합리적인 개념을 보여 주고 있다. 예를 들면, 중학교 3학년 · 고등학교 1학년을 위한 신념과 행동: 활동 1(책임 회피 행동)은 청소년이 흔하게 지니고 있는 '자기 행동의 책임이 타인에게 있다.'는 비합리적 신념의 논박을 시도한다. 특히 학생들이 브레인스토밍을 통하여 책임 회피 행동의 정의를 설정하고 그런 행동의 예를 나누도록 한다. 책임 회피 행동의 영향에 대해서 토론하는 것으로 활동을 끝을 맺는다. 또 다른 청소년이 지니고 있음직한 흔한 비합리적인 신념은 '개인은 자기 자신과 사건에 대해 통제력인 전혀 없다.'는 믿음이다. 즉, '사물은 있는 그대로이며, 앞으로도 그럴 것이다.'라는 것이다. 중학교 1 · 2학년을 위한 문제해결/의사결정: 활동 3(내가 무엇을 통제할 수 있을까)에서는 학생들을 완벽한 통제 상태에서부터 전혀 통제가 되지 않는 상황까지의 연장선상에서 몇 개의 자극 상황에 대해 반응하게 한다. 통제의 개념을 이해하는 것과 변할 수 있는 것은 아무것도 없다는 가정을 논박하는 것을 토론의 중심으로 운영한다.

이 프로그램의 사용에 관하여

최근에는 아동 및 청소년이 겪게 될지도 모르는 잠재적인 문제들을 최소화하거나 감소시키기 위해서 고안된 예방전달 체계를 개발하는 데 관심이 모아지고 있다(Pincus, 1990; vernon, 1998a, 1998b, 1998c, 2002). Bernard와 Joyce(1984)에 의해서 주목되었듯이, 예방적인 정신건강프로그램의 목표는 인간관계 기술을 개발하고, 자기존중감을 높이고, 문제해결/의사결정 전략을 개발하고, 인생에 대하여 융통성 있는 전망을 개발하고, 자신만의 가치체계를 획득하고, 의사소통 기술을 배움으로써 아동 및 청소년의 사회적 · 정서적 성장을 돕기 위함이다. 이 프로그램에서 제시하고 있는 여러 가지 활동은 가능한 한 앞에서 말한 영역의 문제들이 발생하기 전에 예방적인 차원에서 미리미리 사용하도록 추천하고 있다. 프로그램 자체가 치료적인 노력을 제공하기도 하며, 특별히 적응상에 문제가 있는 아동 및 청소년을 위한 개입방법으로 활용할 수도 있다.

활동프로그램은 주로 학급이나 소그룹 집단상담에 사용할 것으로 고안되었다. 이는 개인상담에서도 쓰일 수 있으며, 특별한 상황과 특별한 집단을 위해 필요한 만큼 변형하여 활용할 수도 있다. 이런 변화는 새로운 활동의 창조를 고무할 수 있을 것이다.

각 활동은 두 개의 주요 부분으로 나뉜다. 자극활동과 토론이다. 시작할 때 각 시간 및 각 단원의 목표를 설명하는 것은 특별히 중 · 고등학생들에게 유익하다. 자극활동은 50분 수업을 기준으로 대개 15~20분 동안 진행되도록 고안되었고, 15~20분 동안의 충분한 시간이 토론에 할당될 수도 있다. 토론은 학생들이 특별한 기술들을 배우도록 해 줄 것이다. 토론은 특별한 개념들에 관하여 관찰하게 할 것이다. 토론은 학생들에게 자기 자신, 인간관계, 자신의 행동, 자신의 감정에 대하여 더욱더 많이 알기 위해 필요한 통찰을 얻게 할 것이다. 토론은 활동프로그램의 중요한 요소이기 때문에 가능한 한 학생들로 하여금 원형으로 앉게 하는 것이 좋다.

활동의 많은 내용은 학생들로 하여금 정서적 적응에 관하여 자기 자신을 바로 보도록 하고 또한 학급의 친구들로부터 배우고 서로 나누도록 하게 된다. 그러므로 신뢰와 집단응집의 분위기가 확립되어야 하는 것은 필수적이다. 만약 적절한 분위기가 만들어지면 학생들은 종종 모여서 함께 나눌 기회를 좋아하게 된다. 그러나 만약 학생들이 개인적인 어떤 것을 나누는 데 불편해하는 것처럼 보인다면, 그런 학생들은 그냥 통과시키도록 한다. 억지로 토론에 참석시키려고 하지 말아야 한다. 단지 다른 친구들이 함께 나누고 토론하는 것을 듣는 것만으로도 학습경험이 될 것이고 또한 드러내 보이기는 꺼려지지만 자신도 경험하였을 느낌과 생각을 정상화하도록 도울 것이다.

또한 초기에 확실한 기본 규칙을 확립하는 것이 중요하다. 그러한 규칙은 학생들이 서로의 의견과 표현을 존중하도록 돕고, 개인적인 내용에 대한 토론은 집단 내에서만 이루어지고 집단 밖에서는 반드시 비밀이 보장되어야 함을 강조한다. 또한 학생 자신이 자신의 개인정보를 함께 나눌지 나누지 않을지에 대한 선택을 갖고 있다는 것을 알도록 도와준다. 계속해서 이러한 기본 규칙을 강조하는 것은 학생들에게 자신의 느낌을 표현할 수 있는 '안전한 공간'을 제공할 것이며, 또한 이러한 중요한 개념을 학생들이 자연스럽게 배울 수 있도록 도와줄 것이다.

참고서적

Bernard, M. E., & Joyce, M. R. (1981). *Rational-emotive therapy with children and adolescents: Theory, treatment strategies, preventative methods*. New York: Wiley.

Dryden, W. (1996). Rational emotive behaviour therapy. In W. Dryden (Ed.), *Handbook of individual therapy* (pp. 306-338).

Ellis, A. (1994). *Reason and emotion in psychotherapy*. New York: Institute for Rational-Emotive Therapy.

Ellis, A. (2001). *Overcoming destructive beliefs, feelings, and behaviors*. New York: Prometheus Books.

Ellis, A., & Bernard, M. E. (1983). *Rational-emotive approaches to the problems of childhood*. New York: Plenum.

Ellis, A., & Wilde, J. (2002). *Case studies in rational emotive behavior therapy with children and adolescents*. Upper Saddle River, NJ: Merrill Prentice Hall.

Pincus, D. (1990). *Feeling good about yourself: Strategies to guide young people toward more positive, personal feelings*. Carthage, IL: Good Apple.

Vernon, A. (1983). Rational-emotive education. In A. Ellis & M. Bernard (Eds.), *Rational-emotive approaches to the problems of childhood*. New York: Plenum.

Vernon, A. (1988a). *The Passport Program: A journey through emotional, social, cognitive, and self-development (grades 1-5)*. Champaign, IL: Research Press.

Vernon, A. (1988b). *The Passport Program: A journey through emotional, social, cognitive, and self-development (grades 6-8)*. Champaign, IL: Research Press.

Vernon, A. (1988c). *The Passport Program: A journey through emotional, social, cognitive, and self-development (grades 9-12)*. Champaign, IL: Research Press.

Vernon, A. (2002). *What works when with children and adolescents: A handbook of individual counseling techniques*. Champaign, IL: Research Press.

Waters, V.(1982). Therapies for Children: Rational-emotive therapy. In C. R. Reynolds & T. B. Gutkin (Eds.), *Handbook of school psychology* (pp. 37-57). New York: Wiley.

Wilde, J. (1992). *Rational counseling with school-aged population: A practical guide*. Muncie, IN: Accelerated Development.

한국어로 발행한 인지정서행동치료 관련 서적 및 사이트

[단행본]

박경애(2018). 인지정서행동치료(REBT) 단회기 상담사례. 서울: 학지사.

박경애(2013). 아동 및 청소년을 위한 인지행동치료 상담사례. 서울: 학지사.

박경애(2013). 아동 및 청소년을 위한 인지행동치료. 서울: 학지사.

박경애, 오인숙(2012). 인지정서행동치료의 기독교적 적용. 서울: 학지사.

박경애(1999). 인지행동치료의 실제. 서울: 학지사.

박경애(1997). 인지 · 정서 · 행동치료. 서울: 학지사.

[역서]

박경애, 김희수(2015). 왜 나는 계속 남과 비교하는 걸까. 서울: 소울 메이트.

박경애, 김희수(2005). 우울증 스스로 극복하기. 서울: 사람과 사람.

홍경자, 김선남(2002). 화가 날 때 읽는 책. 서울: 학지사.

김남성, 조현수(2000). 스트레스 상담. 서울: 민지사.

[관련 사이트]

한국 REBT 인지행동치료 상담센터(www.rebt.kr)

차례

PART 02 중학교 3학년 · 고등학교 1학년

» 자기수용

» 감정

» 신념과 행동

» 문제해결/의사결정

» 인간관계

PART 03 고등학교 2 · 3학년

Rational Emotive

Behavior Therapy

중·고등학생용 REBT를 활용한 정서교육 프로그램 2 PART 01

중학교 1·2학년

Rational Emotive Behavior Therapy

[중학교 1 · 2학년]

자기수용

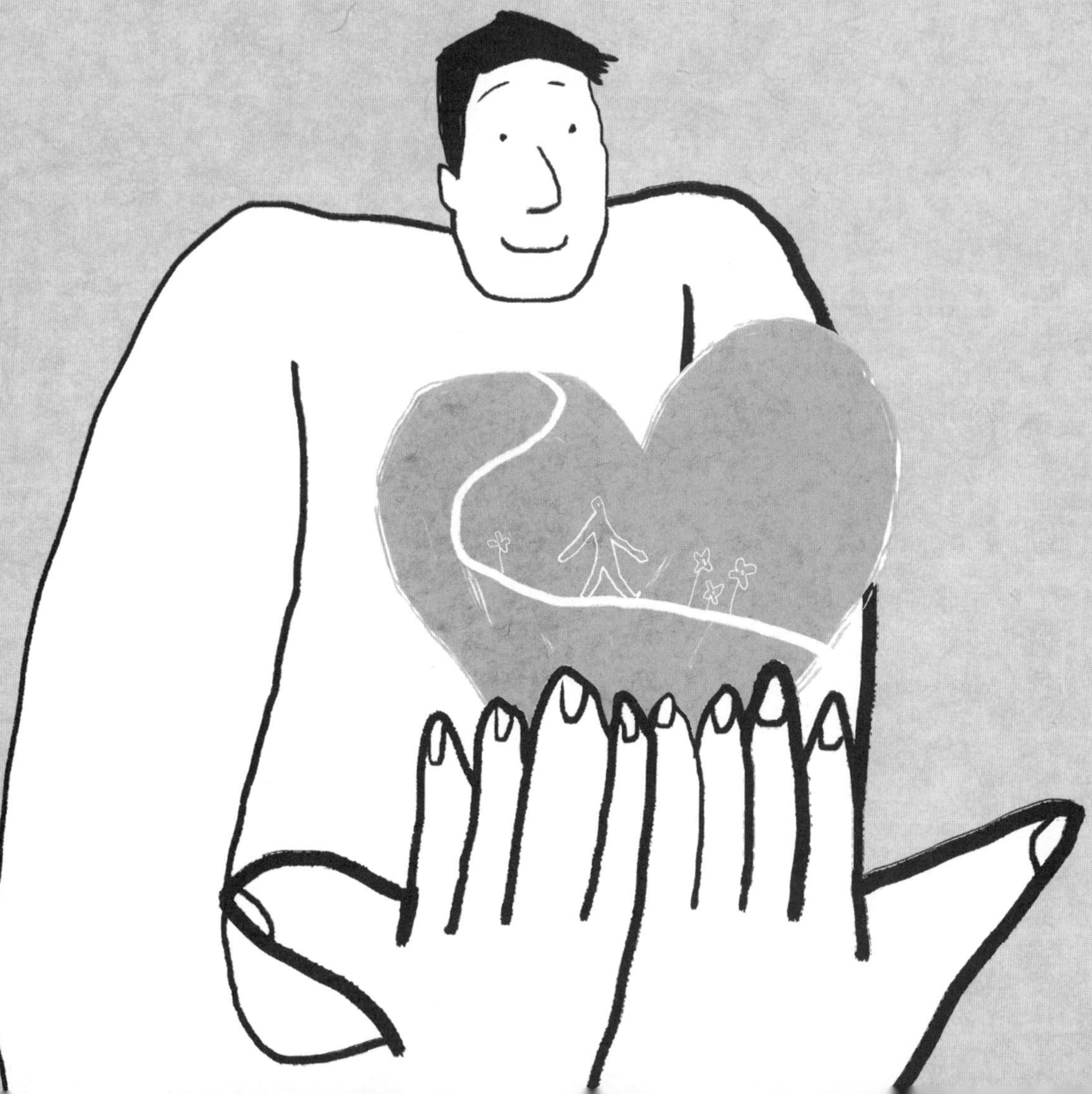

1. 네가 감히 할 수 있을 것 같으냐

목표

자기수용, 행동, 감정 간의 관계를 배운다.

준비물

없음

진행 절차

1. 학생들에게 "누군가 여러분에게 용감하게 어떤 일을 해 보라고 해서 그 일을 해 본 적이 있습니까?"라고 물어본다. 학생들이 용감하게 그 일을 하도록 도전 받았을 때 그 상황에서 자신이 한 행동, 감정, 그리고 자기 자신에 대하여 생각한 것 간의 관계를 토론하게 될 것임을 알려 준다.
2. 학생들에게 다음의 이야기를 들려준다.

> 철민이 친구들은 돼지를 한 마리 그려 놓고는 거기에 교장 선생님 이름을 적어 넣었다. 그러고는 철민이에게 교장실에 들어가 그 그림을 교장 선생님 책상 위에 놓고 오라고 말했다. 철민이는 자신이 그렇게 해야만 할 것 같아서 그렇게 했다.

토론

내용에 대한 이해

1. 친구들이 철민이에게 앞과 같은 요구를 했을 때 철민이는 어떤 느낌이었을까요?
2. 만약 철민이가 "싫어!"라고 거절했다면 어떤 일이 벌어졌을까요?
3. 철민이는 자신이 한 행동에 대하여 어떻게 느꼈을까요?

개인에게 적용하기

1. 여러분 중에서 이와 유사한 경험을 한 적이 있으면 이야기를 나누어 보세요.
2. 만약 여러분이 그런 위험한 일을 한다면, 여러분은 자신의 행동에 대하여 어떤 느낌이 들까요? 만약 여러분이 그런 위험한 일을 하지 않는다면, 여러분은 자신의 행동에 대하여 어떤 느낌이 들까요?
3. 여러분은 자신이 그런 위험한 일을 하거나 또는 하지 않는다고 해서 자신을 더 좋게 느끼리라고 생각하나요? 이와 같은 상황에서 고려해야 할 중요한 요인들은 무엇인가요?
4. 여러분은 이런 상황에서 자신의 행동, 감정, 자기수용 간의 관계를 설명할 수 있나요?

지도자 유의사항

자신이 어떤 일을 하고 싶지 않은데 하게 된다면, 자신이 거절했을 때 자기 자신에 대하여 좋게 느껴지는 것만큼 자기 자신이 그렇게 좋게 느껴지지는 않을 것이라는 점을 학생들이 깨닫는 것이 중요하다.

2. '나'라는 원

목표

'나'라는 존재는 신체적인 면, 지적인 면, 영적인 면, 감정적인 면이 있음을 배운다.

준비물

〈'나'라는 원〉 활동지(유인물 1), 필기도구

진행 절차

1. 학생들에게 〈'나'라는 원〉 활동지(유인물 1)를 나누어 주고, 이를 통하여 자신에 대하여 알아보는 시간이 될 것임을 말해 준다. '나'라는 존재는 신체적, 지적, 영적, 감정적, 사회적인 면 등 여러 가지 면을 가지고 있음을 설명해 준다.
2. 〈'나'라는 원〉 활동지(유인물 1)에 있는 각 항목에 대하여 세 개의 단어나 문구를 사용하여 자신을 묘사해 보도록 학생들에게 지시한다. 예를 들어, 사회적인 항목에 어떤 사람은 '사교적인' '사람들을 좋아하는' 등과 같은 표현을 할 수 있다.
3. 항목을 모두 완성했으면, 학생들에게 자신의 짝과 함께 다섯 개의 항목 중에서 아무거나 두 개를 골라 거기에 적어 놓은 표현들을 이야기해 보게 한다.

토론

내용에 대한 이해

1. 여러분을 묘사해 주는 말들이나 표현들을 생각하기가 얼마나 어려웠나요?
2. 어떤 항목에서 여러분이 편안하지 않았다면, 그것은 한 사람으로서 여러분 자신에 대하여 무엇을 말해 주는 것일까요?
3. 항목들 간에는 어떤 관련이 있나요? 예를 들어, 자신이 지적인 면에서 능력이 있다고 생각하면 감정적으로 기분이 더 좋아지나요? 여러분 자신에게 있어서 그렇게 관련이 되는 것은 무엇인가요?

4. 여러분이 누군가에게 자신이 누구인지를 설명한다면 어떻게 할 것인가요?

지도자 유의사항

학생들이 다음과 같은 점을 깨닫도록 도와준다. 즉, '나'라는 존재는 이러한 여러 영역으로 구성이 되어 있다는 점과 단지 어떤 한 영역에서 강하거나 약하게 느껴진다고 해서 그것이 총체적인 자신의 존재 자체에 대한 자신의 태도에 영향을 미치게 해서는 안 된다는 점이다.

[유인물 1]

〈'나'라는 원〉 활동지

지시사항: 각각의 항목을 보고, 여러분에 대하여 어떤 것을 말해 주는 단어나 문구를 생각하여 세 가지씩 적어 보세요.

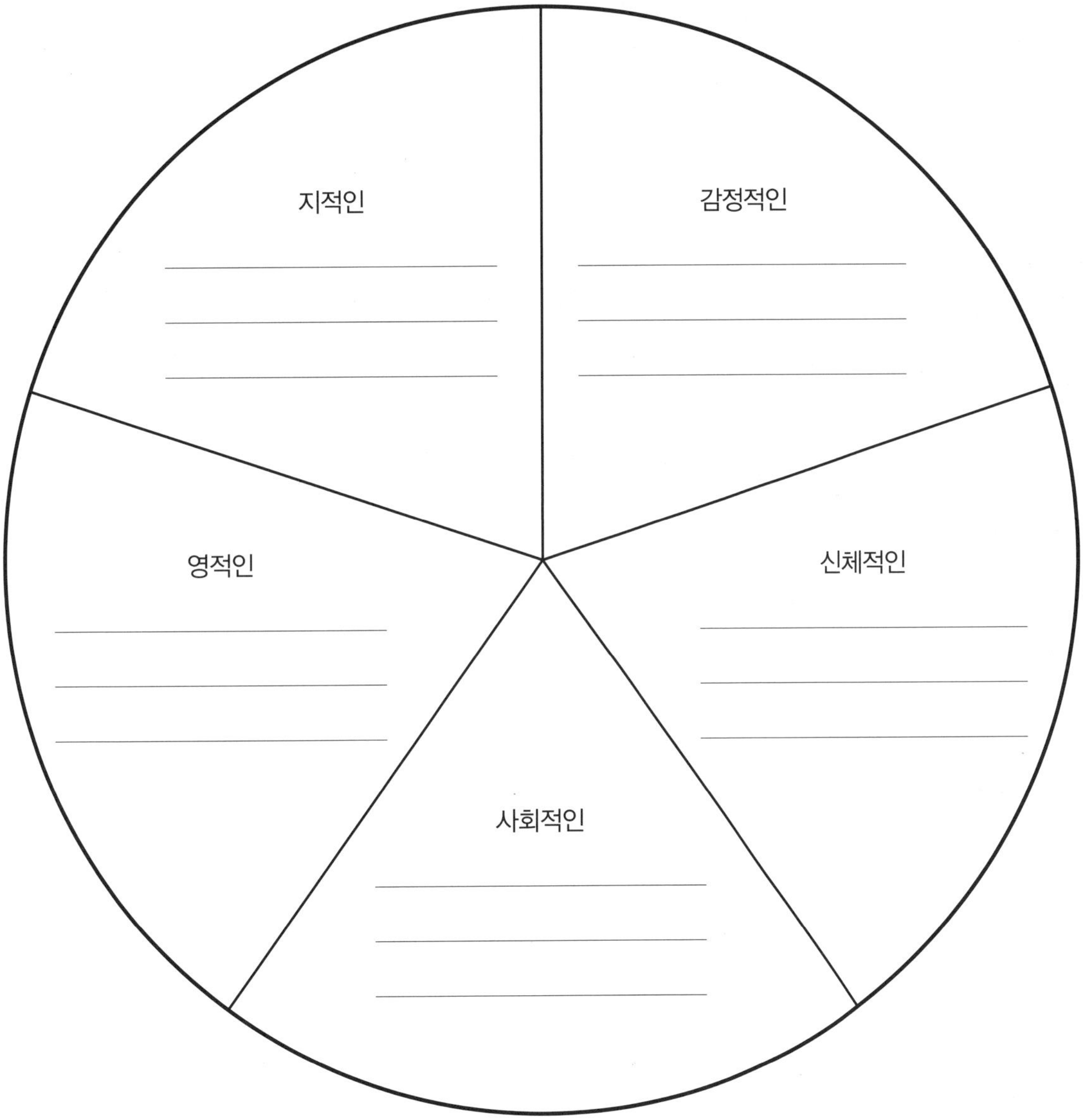

3. 누가 가치가 있는가

목표

다른 사람들의 비난에도 불구하고 자기 자신을 수용하는 것의 중요성을 배운다.

준비물

종이, 필기도구

진행 절차

1. 학생들에게 "여러분의 기분을 좋게 해 주기는 하지만 여러분의 친구들이 비난하거나 비웃을 것이라는 것을 알고 있는 어떤 것을 해 본 적이 있나요?"라고 물어보면서 이 활동을 시작한다. 학생들에게 실례를 들어 보게 한다.
2. 학생들에게 다음의 상황을 들려주고, 각 상황에 대한 반응을 종이에 적어 하나의 이야기를 완성하게 한다.

- 은지는 영리하여 별로 노력하지 않아도 좋은 성적을 얻는다. 그런데 만약 은지가 수업시간마다 늘 손을 들어 대답하고 빨리 끝내 놓고 다른 친구들을 도와준다면, 아이들은…….
- 철민이는 정말 연기를 잘한다. 그러나 철민이의 친구들 대부분은 운동을 잘한다. 철민이는 학교 경기에 나가지 않으려고 한다. 왜냐하면…….
- 정우는 옳고 그름을 알지만 또 한편으로는 다른 친구들과 잘 어울리고 싶기도 했다. 친구들이 정우에게 선생님을 놀려 보도록 부추겨 세우자 정우는 그렇게 했다. 왜냐하면…….
- 희철이는 커닝이 나쁘다는 것을 안다. 하지만 친구들이 시험 시간에 커닝을 하게 해 달라고 하자 희철이는 허락했다. 왜냐하면…….

3. 각자 쓴 반응들을 발표하게 한다.

토론

내용에 대한 이해

1. 앞과 같은 상황을 여러분도 경험해 본 적이 있나요? 이야기를 나누어 보세요.

개인에게 적용하기

1. 여러분이 앞과 같은 상황에 처하게 된다면, 여러분은 어떻게 할 것인가요?
2. 만약 여러분이 잘못된 일이나 내키지 않는 일을 해야 한다면, 자기 자신에 대하여 어떤 느낌이 들까요?
3. 여러분은 다른 사람들로부터 비난을 받아도 자기 자신이나 자신의 결정에 대하여 좋게 느끼는 것이 더 낫다고 생각하나요, 아니면 여러분의 친구들이 원하는 것을 하는 것이 더 낫다고 생각하나요?

지도자 유의사항

자기 자신에게로 향하는 감정과 다른 사람의 비난을 받게 되는 것 간의 관계를 강조하는 것은 중학교 1 · 2학년의 학생들에게 매우 중요하다. 왜냐하면 이 시기의 친구들의 압력은 매우 크기 때문이다.

4. 누구 책임일까요

목표

사건에 대한 자기통제 수준을 배운다.

준비물

〈누구 책임일까요〉 활동지(유인물 2), 필기도구

진행 절차

1. 학생들에게 그동안 살면서 자신에게 생긴 일들을 잘 통제했던 것처럼 느낀다면 손을 들어 보게 한다.
2. 학생들에게 〈누구 책임일까요〉 활동지(유인물 2)를 나누어 준다. 각 상황을 잘 읽고, 그 상황에 대하여 자신이 느끼는 통제 수준을 표시해 보게 한다.

토론

내용에 대한 이해

1. '전적으로 나의 책임'이라고 대답한 문항은 몇 번인가요? 이야기를 나누어 보세요.
2. '전적으로 타인의 책임'이라고 대답한 문항은 몇 번인가요? 이야기를 나누어 보세요.

개인에게 적용하기

1. 여러분에게 일어나는 일에 대하여 자신의 통제 수준이 어느 정도 된다고 생각하나요?
2. 만약 통제 수준이 높지 않다면, 여러분이 할 수 있는 것이 있나요?
3. 어느 정도의 통제 수준이 바람직하다고 생각하나요?

지도자 유의사항

학생들이 자신이 알고 있는 것보다 훨씬 더 많은 자기통제력을 가지고 있다는 점을 깨닫는 것은 중요하다. 사건에 대하여 책임감을 갖는다면, 자신의 힘에 대하여 보다 위대한 느낌을 갖게 될 것이다.

[유인물 2]

〈누구 책임일까요〉 활동지

지시사항: 다음 상황을 읽고, 일어난 일에 대한 책임이 누구에게 있는가에 대하여 등급을 매겨 보세요.

1. 전적으로 타인의 책임 |——|——|——|——| 전적으로 나의 책임

(시험을 못 봤다.)

2. 전적으로 타인의 책임 |——|——|——|——| 전적으로 나의 책임

(해야 할 일을 하지 않았다.)

3. 전적으로 타인의 책임 |——|——|——|——| 전적으로 나의 책임

(용돈을 다 써서 선물할 돈이 없다.)

4. 전적으로 타인의 책임 |——|——|——|——| 전적으로 나의 책임

(우리 집단은 각자 맡은 배역의 대사를 외우지 않았다.)

5. 전적으로 타인의 책임 |——|——|——|——| 전적으로 나의 책임

(친구들이 이웃집 벽에 낙서를 하자고 해서 그렇게 했다.)

5. 내가 원하는 것, 내가 필요로 하는 것

목표

자신이 원하는 것과 자신이 필요로 하는 것 간의 차이를 구별하는 것을 배운다.

준비물

종이, 필기도구

진행 절차

1. 칠판에 두 칸을 만든 다음 각 칸에 '원한다'와 '필요로 한다'라고 적는다. 학생들에게 자신이 원하는 것과 필요로 하는 것을 말해 보게 한다.
2. 학생들에게 '원하는 것'과 '필요로 하는 것'에 대해 설명해 준다. 필요로 하는 것은 여러분이 반드시 가져야만 하는 것을 뜻한다. 예를 들어, '식품' '물'과 같은 것이다. 그러나 원하는 것은 그저 바라고 희망하는 것을 뜻한다. 그런데 실제로 여러분은 그저 원하는 것을 마치 필요로 하는 것처럼 자주 말하곤 한다. 따라서 필요로 하는 것 대부분은 실제로는 원하는 것일 때가 많다.
3. 학생들에게 자신이 생각하는 필요로 하는 것 다섯 가지와 원하는 것 다섯 가지를 적게 한 후, 이를 짝과 이야기 나누도록 한다.

토론

내용에 대한 이해

1. 필요로 하는 것과 원하는 것 간의 차이는 무엇일까요?
2. 여러분이 필요로 하는 것으로 작성한 것들 중에서 실제로는 원하는 것은 어떤 것인가요?

개인에게 적용하기

1. 이 활동을 통해 여러분 자신이 필요로 하는 것과 원하는 것에 대하여 무엇을 배웠나요?

2. 필요로 하는 것과 원하는 것 중에서 어느 쪽이 더 많은가요? 한쪽이 다른 쪽보다 더 많다는 것은 무엇을 뜻하나요?

지도자 유의사항

이러한 구별은 중요하다. 학생들이 원하는 것과 필요로 하는 것 간의 차이를 구별한다면, 자신의 희망사항(원하는 것)과 필요사항(필요로 하는 것)을 좀 더 올바르게 바라볼 수 있을 것이다.

6. 내가 한 것이 나는 아니다

목표

자신의 존재 가치는 자신이 이룩해 놓은 것과는 관계가 없음을 배운다.

준비물

색인 카드(1인당 10개씩), 스카치테이프, 필기도구

진행 절차

1. 학생들에게 색인 카드를 나누어 주고, 지난 몇 달 동안에 자신이 이루어 놓은 과업(예를 들어, 독주회한 것, 연설한 것, 시험 본 것, 공연한 것, 설거지한 것, 잡일 한 것)이 있으면 적어 보게 한다.
2. 학생들 중에서 지원자 두 명을 뽑고, 그 사람들로 하여금 자신의 색인 카드를 자신의 팔, 다리나 몸의 다른 부분에 테이프로 붙이게 한다. 학생들에게 몇 명이나 첫 번째 지원자에 대해 알고 있는지 물어본다. 학생들은 카드 하나하나를 읽는다. 그 지원자는 읽혀지는 대로 카드를 찢는다. 모든 카드가 찢어지면 학생들에게 첫 번째 지원자가 이루어 놓은 일이 없어도 그 사람이 여전히 똑같은 사람으로서 있는지를 물어본다.
3. 다른 지원자에게도 앞과 같은 방식으로 활동을 진행한다.

토론

내용에 대한 이해

1. 지원자들이 이루어 놓은 일들로부터 떼어졌는데도 그들은 여전히 같은 사람들인가요?
2. 어떤 사람이 이룩해 놓은 것이 한 사람으로서 그 사람의 존재 자체를 변화시키나요?
3. 한 사람의 존재 자체와 그 사람이 이루어 놓은 것 간의 관계는 어떠한가요?

개인에게 적용하기

1. 여러분이 적어 놓은 과업들이 한 사람으로서 여러분의 존재를 변화시킨다고 생각하나요?
2. 어떤 일을 잘 해내지 못해서 자기 자신에게 실망한 적이 있나요? 이야기 나누어 보세요. 이 활동이 끝난 후에도 여전히 자기 자신에 대하여 실망할 것 같나요?

지도자 유의사항

학생들이 자신이 비록 일을 잘했든지 못 했든지 간에 여전히 가치가 있다는 것을 깨닫도록 돕는다. 사람의 존재는 그 사람이 한 것보다 더 많은 것을 포함한다는 사실을 강조한다.

7. 자기 자신을 받아들이기

목표

극단적인 자기평가와 자기수용 간의 차이점을 배운다.

준비물

세 개의 시나리오(진행 절차 1번을 본다. 각 시나리오를 세 장의 카드에 적고 수업시작 전에 세 명의 학생들에게 나누어 준다.). 〈자기 자신을 받아들이기〉 활동지(유인물 3), 필기도구

진행 절차

1. 다음의 짧은 시나리오들을 세 명의 학생들에게 나누어 준다. 이 학생들에게 시나리오를 큰 소리로 읽어 보게 한다.

> • 시나리오 1
> "난 너무 어리석어. 수학시험에서 어떻게 그런 문제를 틀릴 수가 있지?"
>
> • 시나리오 2
> "내일 난 과학시험과 농구시합이 있어. 둘 다 잘하지 못하면 난 기생충 같은 존재가 되겠지."
>
> • 시나리오 3
> "저 스케이트 모임에 초대 받질 못했어. 그러니 난 루저(loser)야."

2. 시나리오를 읽은 후, 학생들이 자기 자신을 기생충이나 루저(loser)로 분류하면서 어떻게 평가했는지에 대해 토론하게 한다. 이러한 모 아니면 도 식의 양자택일적인 사고는 학생들로 하여금 자신을 끌어내리고, 결국 자신에 대해 부정적으로 느끼게끔 만든다는 사실에 대해 토론해 본다.
3. 〈자기 자신을 받아들이기〉 활동지(유인물 3)를 학생들에게 나누어 주고, 다음의 차이점을 설명한다. 자기 자신을 극단적으로 좋지 않게 평가하는 것과 자기 자신을 개개인의 특징에 기초하여 평가하는 것은 자기 이해를 좀 더 현실적이게 하고, 보다 확장된 자기수용을 가져온다. 학생들로 하여금 지시에 따라 〈자기 자신을 받아들이기〉 활동지(유인물 3)를 완성하

도록 한다.

토론

내용에 대한 이해

1. 자기 자신을 극단적으로 좋거나 나쁘게 평가하는 것과 자기 자신을 각 개개인의 특징에 기초하여 평가하는 것 간의 차이점은 무엇인가요?
2. 여러분이 자신을 극단적으로 평가하는 것이 여러분의 자기 가치감에 어떤 영향을 미치나요?
3. 여러분이 개개인의 특징을 평가하는 것이 여러분의 자기 가치감에 어떤 영향을 미치나요?

개인에게 적용하기

1. 〈자기 자신을 받아들이기〉 활동지(유인물 3)를 완성하면서 여러분 자신에 대해 무엇을 배웠나요?
2. 다음에 여러분이 자신을 극단적으로 끌어내리려 할 때, 여러분은 무엇을 할 수 있을까요?

지도자 유의사항

이 시기의 발달단계 동안에 자기수용은 매우 빈번히 낮아지곤 한다. 학생들에게 자신을 극단적으로 평가하는 것과 무조건적으로 자신을 수용하면서 개개인의 특징을 현실적으로 평가하는 것 간의 차이점을 가르치는 것은 긍정적인 영향을 가져올 수 있다.

[유인물 3]

〈자기 자신을 받아들이기〉 활동지

지시사항: 각 영역 안에 여러분의 강점과 약점을 적어 보세요. 그런 다음 점수로 평가해 보세요(1점은 약한 것, 5점은 강한 것).

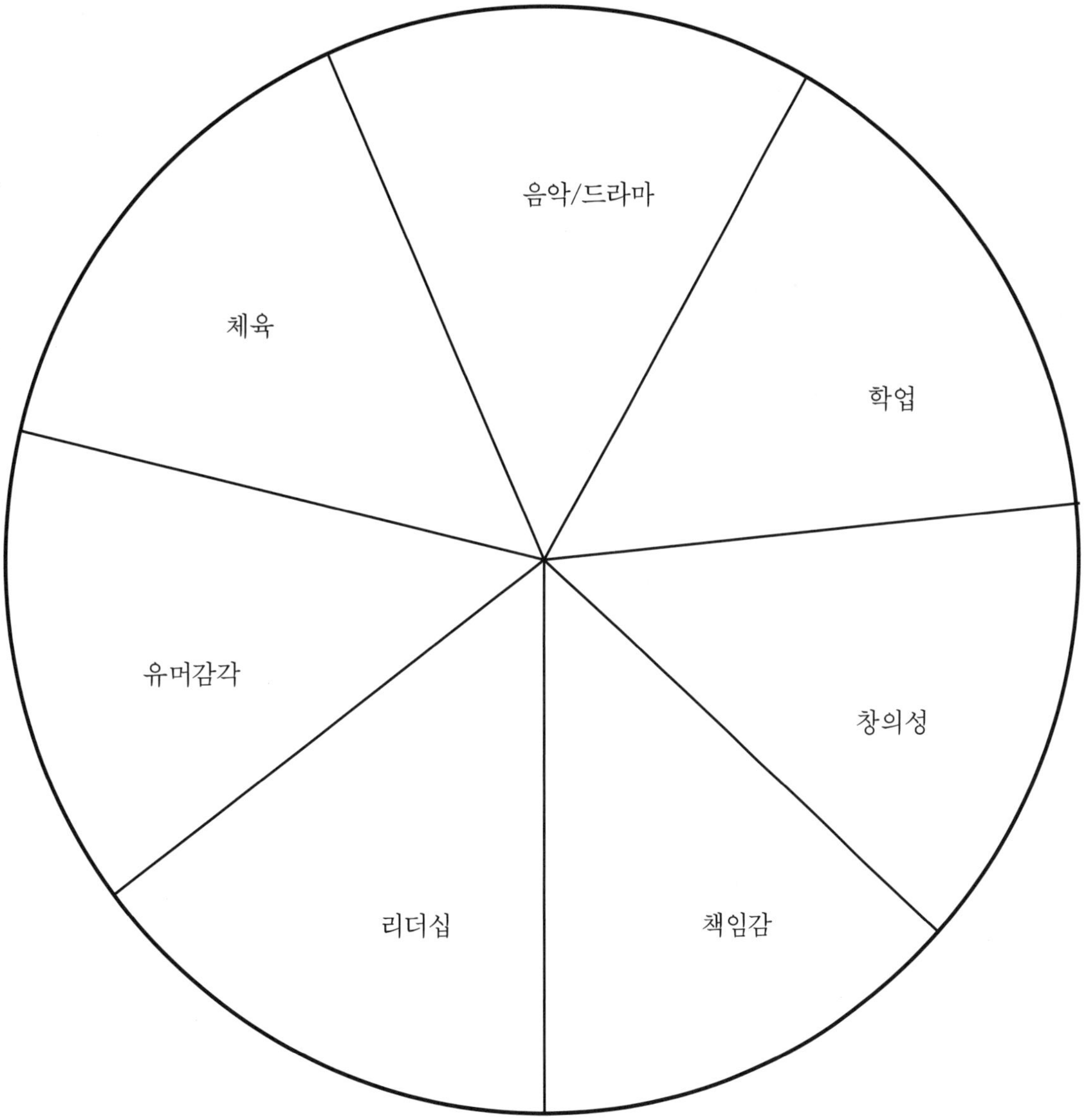

[중학교 1 · 2학년]

감정

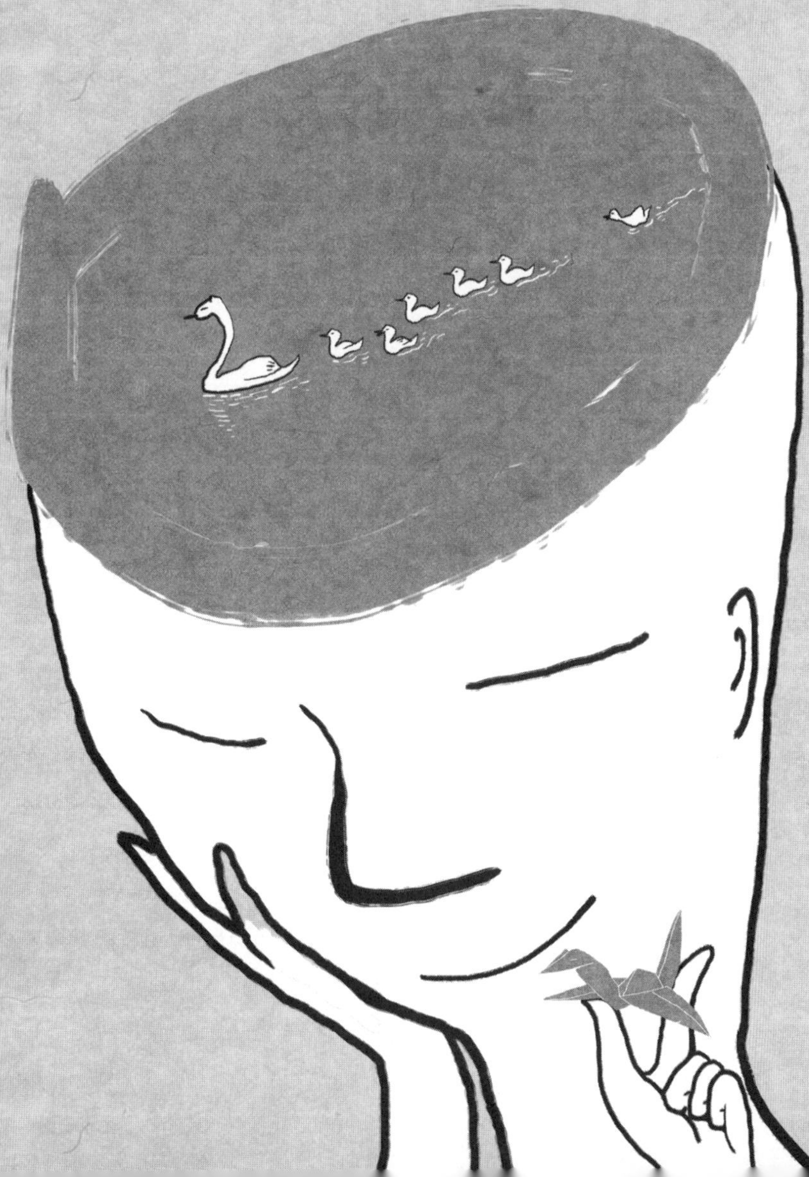

8. 감정의 책임은 누가 지는가

목표

다른 사람들이 나의 불행에 책임이 없음을 깨닫도록 배운다.

준비물

종이, 필기도구

진행 절차

1. 낙심하여 맥이 풀리는 것이 무엇인지에 대하여 토론해 보고, 학생들에게 최근에 낙심하여 맥이 풀렸던 경험(예를 들어, 누구네 집에 초대 받지 못한 것, 가고 싶지 않은 곳을 가야 했던 것, 과제물의 평가가 낮았던 것)이 있으면 종이에 세 가지 이상 적어 보게 한다.
2. 학생들에게 낙심하여 맥이 풀렸을 때 어떻게 반응했는지(예를 들어, 소리 지르기, 울기, 주장하기, 다른 사람을 욕하기, 어떤 다른 반응을 하기) 말해 보게 한다.
3. 학생들에게 자신의 불행이나 낙심하여 맥이 풀린 것에 대하여 자기 자신이나 타인 중에서 누가 책임을 져야 한다고 생각하는지를 판단하게 한다.
4. 낙심하여 맥이 풀린 상황, 그때의 반응, 누가 책임을 져야 한다고 생각하는지에 대하여 학생들로 하여금 자신의 경우를 말해 보게 한다.
5. 불행한 감정은 어떤 상황을 둘러싼 생각들을 확인해 봄으로써 자신이 그때 한 생각에 의해서 생겨난다는 것을 설명해 준다. 예를 들어, 어떤 사람이 성적이 나빠서 흥분하였다면 그 사람은 다음과 같이 생각하거나 말할지도 모른다.

> • "시험이 너무 어려웠어."
> • "그렇게 시험이 어려우면 어떻게 해?"
> • "시험 공부할 필요가 없었는데……."
> • "이건 불공평해."

6. 학생들에게 정말 앞과 같은 식으로 생각하고 느껴야만 하는지를 토론해 보게 한다. 만약 그

사람이 다음과 같이 생각함으로써 전적으로 다르게 느낄 수도 있음을 보여 준다.

- '내가 좀 더 열심히 공부했다면 좋았을 텐데…….'
- '나의 이해를 돕는 질문을 할 수도 있었을 텐데…….'
- '성적이 좋지 않아 기분이 좋지 않다. 그렇지만 다음에 좀 더 잘 해야지.'
- '내가 이루어 놓은 것이 곧 나는 아닌데 뭐. 난 괜찮아.'

토론

내용에 대한 이해

1. 자신이 낙심하여 맥이 풀린 것에 대하여 대개 누가 책임을 져야 하나요? 자기 자신인가요, 아니면 다른 사람인가요?
2. 자신이 겪는 불행이나 낙심하여 맥이 풀린 것에 대하여 다른 사람이 책임을 진다는 것이 정말 가능할까요?
3. 낙심하여 맥이 풀리고 불행한 감정은 어디에서 생긴 것일까요?

개인에게 적용하기

1. 여러분 자신의 불행에 대하여 누군가를 비난하고 있는 자기 자신을 발견하게 되었을 때, 여러분은 무엇을 할 수 있을까요?
2. 여러분 자신이 느끼는 감정에 대해서 대체로 누구에게 책임이 더 많을까요? 자기 자신인가요, 아니면 다른 사람인가요? 만일 다른 사람에게 책임이 더 많다고 생각한다면 다른 사람이 자신의 감정에 대하여 실제로 어떻게 책임질 수 있을까요?

지도자 유의사항

불행한 상황에 대하여 학생들이 자기 자신에게 무엇을 말하고 있는지 확인해 보도록 도와줌으로써 지도자는 학생들로 하여금 자신이 느끼는 감정에 대하여 자기 스스로가 책임을 지는 것이라는 것, 즉 어느 누구도 책임지지 않는다는 것을 깨닫도록 도와줄 수 있다.

9. 자기 자신에게 말하기

목표

감정 통제를 위하여 '자기 대화' 하는 것을 배운다.

준비물

〈자기 자신에게 말하기〉 상황 리스트(유인물 4), 필기도구

진행 절차

1. 문제가 생겼을 때 자기 자신에게 말해 본 적이 있는지 물어본다. 예를 들어, 시험에서 좋은 성적을 못 받게 되면 스스로에게 '넌 못났어.'라든지 '넌 어떤 일도 제대로 할 수 없을 거야.' 라고 말해 본 적이 있는지 물어본다.
2. 앞과 비슷한 문제를 가진 친구에게 말해 본 적이 있는지 학생들에게 물어본다. 여러분은 그 친구에게 위와 같이 말해 줄 것인가요? 아니면 성적이라는 것이 공부를 좀 더 해야 한다는 것을 의미할 뿐이고 다음번에는 좀 더 잘하게 될 것이라고 말해 줄 것인가요? 이 두 메시지들이 같은가요?
3. 학생들을 2명씩 짝을 지어 〈자기 자신에게 말하기〉 상황 리스트(유인물 4)를 한 장씩 나누어 준다. 각 상황에 대하여 자기 자신에게 하는 말과 친구에게 하는 말을 적어 보게 한다.
4. 적은 것을 발표하게 한다.

토론

내용에 대한 이해

1. 자기 자신에게 하는 말과 친구에게 하는 말이 같았나요? 유사점과 차이점은 무엇인가요?
2. 어느 쪽이 더 쉽게 적을 수 있었나요? 자기 자신에게 또는 친구에게 무엇을 말하는 경향이 있나요?
3. 자기 자신에게 하는 말이나 친구에게 하는 말 중에서 어느 쪽이 더 이치에 맞나요?

개인에게 적용하기

1. 자기 대화를 하나요? 자기 대화가 대체로 자신에게 도움이 되나요, 아니면 오히려 너무 힘들어지거나 생각의 폭이 좁아지진 않았나요?
2. 자기 대화를 너무 부정적으로 하고 있는 자기 자신을 발견하게 될 때, 여러분은 무엇을 할 수 있다고 생각하나요?

지도자 유의사항

자기 대화를 할 때 우리는 자신에게 너무 비판적이거나 그리 객관적이지도 못하다. 반면, 우리가 친구에게 해 주는 말은 훨씬 더 지지적이다. 부정적인 자기 대화가 부정적인 감정을 낳기 때문에 부정적인 자기 대화를 바꾸어 나가기 시작하는 것은 중요하다.

[유인물 4]

〈자기 자신에게 말하기〉 상황 리스트

지시사항: 다음의 상황을 읽고, 다음과 같은 문제가 생겼을 때 자기 자신에게 무엇이라고 말할 것인지 또한 같은 문제를 가진 친구에게는 무엇이라고 말할 것인지를 적어 보세요.

1. 최하위 점수를 받았다.

   자신에게 하는 말 ______________________________

   친구에게 하는 말 ______________________________

2. 같이 놀자는 제의를 받지 못했다.

   자신에게 하는 말 ______________________________

   친구에게 하는 말 ______________________________

3. 새로 산 옷이 예쁘다며 칭찬을 들었다.

   자신에게 하는 말 ______________________________

   친구에게 하는 말 ______________________________

4. 안경을 써야 한다.

   자신에게 하는 말 ______________________________

   친구에게 하는 말 ______________________________

5. 어떤 모임에 초대 받았지만 모임을 주최하는 사람을 좋아하지 않는다.

   자신에게 하는 말 ______________________________

   친구에게 하는 말 ______________________________

10. 난 할 수 있어요, 난 할 수 없어요

목표

"내 감정을 나도 어쩔 수 없어."라는 말을 "내 감정을 내가 조절할 수 있어."라는 말로 바꾸는 능력을 배운다.

준비물

〈난 할 수 있어요, 난 할 수 없어요〉 상황 리스트(유인물 5)

진행 절차

1. 학생들을 2명씩 짝 지어 〈난 할 수 있어요, 난 할 수 없어요〉 상황 리스트(유인물 5)를 나누어 준다.
2. 2명 중 1명은 A, 다른 1명은 B라고 정하고, A가 B에게 한 상황을 읽어 주면 B는 큰 소리로 "난 할 수 없어."라고 대답한다. 그런 다음, B가 그 다음 상황을 A에게 읽어 주면 A는 "난 할 수 없어."라고 대답한다. 이런 방식으로 끝까지 번갈아 가면서 읽어 주고 대답한다.

토론

내용에 대한 이해

1. 상대편이 "난 할 수 없어."라고 계속 말할 때, 그것이 여러분에게 어떤 효과가 있었나요?
2. 여러분은 자신이 했던 다른 반응들을 생각할 수 있나요?
3. 사람들이 "난 못해."라고 말할 때, 여러분은 그들이 정말로 못한다고 생각하나요?

개인에게 적용하기

1. 여러분이 "난 못해."라고 말은 했지만 그것이 정말로 "난 못해."를 의미하는 것이 아닌 그런 말을 한 적이 있나요?
2. 여러분이 기분이 나빠서 "나도 어쩔 수 없어."라고 말한다면, 자신이 말한 것이 사실이라고

생각하나요? 자신의 경험을 예로 들어 이야기 나누어 보세요.

3. 여러분은 자신의 감정을 자신이 조절할 수 있다고 생각하나요, 아니면 조절할 수 없다고 생각하나요?

지도자 유의사항

우리는 사실 대부분의 상황에서 우리의 감정, 사고, 행동을 조절할 수 있을 때에도 조절할 수 없다고 재빠르게 생각하는 경향이 있다는 사실을 강조한다.

[유인물 5]

〈난 할 수 있어요, 난 할 수 없어요〉 상황 리스트

지시사항: 2명씩 짝을 지어 1명은 A, 다른 1명은 B로 정하고, A가 B에게 처음 상황을 읽어 주면 B는 큰 소리로 "난 할 수 없어."라고 대답한다. 그런 다음, B가 그 다음 상황을 A에게 읽어 주면, A는 "난 할 수 없어."라고 대답한다. 이런 식으로 끝까지 번갈아 가면서 읽어 주고 대답한다.

1. "울음을 그쳐!"

2. "돼지같이 먹지 마!"

3. "그렇게 까다롭게 굴지 마!"

4. "자신을 그렇게 불쌍하게 여기지 마!"

5. "자기 자신을 침체시키지 마!"

6. "얼굴 찡그리지 마!"

7. "너의 문제로 다른 사람들을 비난하지 마!"

8. "너무 기분 좋아하지 마! 그게 우리를 기분 나쁘게 하니까."

11. 화를 피하기

목표

화를 피할 수도 있고, 조절할 수도 있음을 배운다.

준비물

종이, 필기도구

진행 절차

1. 화가 난다는 것이 무슨 의미인지 토론하게 하고, 최근에 화가 났던 상황이 있었는지 학생들에게 물어본다. 그 상황이 어떤 것이었으며, 왜 그 상황이 화나게 했었는지에 대하여 학생들로 하여금 생각해 보도록 한다.
2. 학생들을 4~6명씩 한 집단으로 나누고, 각자 자신의 상황을 발표하게 한다. 단, 그 상황에 연루된 사람의 이름을 공개하는 것은 피하도록 한다. 약 10분 정도 이야기를 나눈 후, 다시 전체 학생들을 모이게 한다.

토론

내용에 대한 이해

1. 자신을 화나게 만든 상황과 다른 사람을 화나게 만든 상황이 같은가요?
2. 다른 사람들도 여러분이 처한 상황에서 화를 낼 것이라고 생각하나요? 같은 상황에 대하여 어떤 사람은 화를 내고 어떤 사람은 별로 화를 내지 않는데, 그 이유를 무엇이라고 생각하나요?
3. 여러분이 화를 내는 이유와 다른 사람이 화를 내는 이유가 같은가요? (어떤 일을 방해 받았거나, 누군가에게 제지 당했거나, 자기식대로 일이 이루어지지 않아서 화가 났었던 사건에 대하여 이야기 나누게 한다.)
4. 밝혀진 상황에서 여러분은 화를 내야만 했나요? 그와는 다르게 느낄 수는 없었나요?

개인에게 적용하기

1. 여러분은 화를 낼 것인가요, 아니면 내지 않을 것인가요? 분노는 자신에게 긍정적인 감정인가요?
2. 화가 나지만 화를 내고 싶지 않다고 결정하려면, 여러분은 무엇을 해야 할까요?

지도자 유의사항

화를 내는 것은 하나의 선택이라는 것을 깨닫는 것이 중요하다. 중학교 1 · 2학년을 위한 감정: 활동 2(자기 자신에게 말하기)의 〈자기 자신에게 말하기〉 상황 리스트(유인물 4)에서 '자신에게 하는 말'을 다시 보여 주면서 자기 대화가 화를 통제하고 피하게 하는 데 사용될 수 있음을 강조한다.

12. 연쇄 반응

목표

부정적인 감정의 연쇄 결과를 배운다.

준비물

각각의 고리에 '화나는' '열등감' '죄책감'이라고 쓰인 종이로 만든 연쇄 고리(최소 12개 이상), 필기도구

진행 절차

1. 학생들에게 연쇄 고리를 보여 주고, 연쇄 반응의 의미에 대하여 설명한다. 즉, 어떤 사건이 다른 사건을 일으킨다는 것으로서, 여기서는 하나의 상황이 감정들의 연쇄 고리를 불러일으킨다는 것이다.
2. 생각이 감정을 조절한다는 점을 반복하여 말해 주고, 학생들에게 생일파티에 초대 받지 못했다는 것을 막 알아차렸을 때를 상상해 보도록 한다. 만약 화가 났다면 그때 무슨 생각을 했었는지를 물어본다. '내가 생일파티에 초대를 못 받다니 이럴 수가 있나?' '난 정말 못났나 봐.'와 같은 생각들을 끄집어 낸다.
3. 이렇게 화가 난 후에 '만약 내가 좀 더 인기가 있었다면…….' 하고 뒤이어 생각을 한다라고 학생들로 하여금 상상해 보도록 한다. 이런 생각이 열등감을 느끼게 만든다는 것을 지적해 준다. 그런 다음, 자신이 열등하다고 생각하는 것이 또 '만약 내가 …라고 말했다면' 하는 생각을 하게 만들었다는 것을 학생들에게 상상해 보도록 한다. 이런 생각이 죄책감을 갖게 한다는 것을 지적해 준다.
4. 또 다른 연쇄 과정을 다시 한 번 해 본다. 즉, 어떤 일이 벌어졌는지, 그 일에 대한 최초의 생각과 감정은 무엇이었는지, 그리고 후속되는 생각과 감정은 무엇인지를 알아본다. 이러한 연쇄 과정을 연쇄 고리에 적게 한다. 그 의미를 설명해 주는 몇 개의 예를 적게 한다.
5. 앞의 연쇄 고리를 들고 생각을 바꿔 보도록 한다. 예를 들어, 생일파티에 초대 받지 못했다고 가정하고 만약 '그래, 그날 밤 나는 바빴어.'라고 생각한다면 어떻게 느낄지 학생들에게 물어

본다. 이런 최초의 생각이 어떻게 그 연쇄 고리 전체에 영향을 미치는가를 토론하게 한다.

토론

내용에 대한 이해

1. 앞의 경험을 통하여 볼 때, 사건, 생각, 감정 간의 관계는 어떠할까요?
2. 부정적인 생각과 감정에 대하여 연쇄 반응을 갖는 것이 일반적인 것이라고 생각하나요?
3. 부정적인 순환을 끊기 위하여 무엇을 할 수 있을까요?

개인에게 적용하기

1. 여러분은 부정적인 연쇄 반응을 경험한 적이 있나요?
2. 만약 경험해 보았다면, 그 결과는 어땠나요? 그 결과는 오랫동안 지속되었나요? 그 부정적인 순환을 어떻게 끊었나요?
3. 여러분이 부정적인 생각과 감정을 계속해서 생각하는 것이 도움이 되었나요?

지도자 유의사항

연쇄 반응의 성향에 대한 인식은 중요하다. 즉, 생각과 그에 따르는 감정을 바꿈으로써 이러한 연쇄 반응이 통제될 수 있다라는 깨달음이 그것이다. 연쇄 반응에 관련된 의미를 더 강화하려면 중학교 1 · 2학년을 위한 감정: 활동 2(자기 자신에게 말하기)와 활동 4(화를 피하기)를 참조한다.

13. ABC에 관하여

목표

ABC 모델에 의하여 감정적 상처를 분석하는 것을 배운다.

준비물

종이, 필기도구

진행 절차

1. 학생들에게 지난 달에 일어났던 흥분된 사건을 생각해 보게 한다. 그것에 대하여 이야기할 사람을 한 명 정한다.
2. 발표한 사람의 경험담을 ABC 모델로 학생들에게 다음과 같이 설명해 준다. 예를 들어, 발표한 사람이 농구팀에 합류하지 못했다면 그것은 A(사건, 상황)이다. 그때 느꼈던 '흥분된다'와 같은 감정은 C(부적절한 감정 및 행동)가 된다. 우리가 감정을 느낄 때, 대개 '삐친다'와 같은 행동을 수반하게 된다. 사건 A가 부적절한 감정 및 행동인 C를 불러일으킨다고 생각할지도 모르지만, 이것은 사실이 아니다. 왜냐하면 사람들은 같은 사건에 대하여 매우 다르게 반응하기 때문이다. 이런 차이가 나는 이유는 그 사건에 대한 신념, 생각, 즉 B가 다르기 때문이다. 발표한 사람에게 그 사건과 관련하여 어떤 신념을 가지고 있는지를 파악하게 한다. 아마도 그 사람은 '자신은 무가치하다'든가 '그 어떤 일에도 난 성공할 수 없을 거야.'라고 생각할지도 모른다.

A → B → C

3. 다른 상황을 가지고 ABC 모델을 다시 설명해 준다. 학생들에게 만약에 신념 B를 바꿀 수 있다면, 부적절한 감정 및 행동인 C가 어떻게 변할지를 생각해 보게 한다.

토론

내용에 대한 이해

1. 감정은 어디에서 생기는 것일까요?
2. 신념(생각)을 바꾸면, 감정은 어떻게 될까요?
3. 하나의 사건에 대하여 두 사람이 같은 느낌을 갖나요? 만약 그렇다면, 왜 그럴까요?

개인에게 적용하기

1. 여러분은 어떤 사건에 대한 생각을 바꿈으로써 감정을 변화시킨 적이 있었나요? 이야기 나누어 보세요.
2. 여러분은 오늘 배운 것을 앞으로 일어날 상황에 어떻게 적용할 수 있을까요?

지도자 유의사항

ABC 모델에 관하여 더 알고 싶으면 내용에 대한 이해와 개인에게 적용하기를 보고, 이 책의 내용과 활용법에 적어 놓은 참고서적을 참조한다.

14. 감정 과부하

목표

감정 과부하를 다루는 효과적인 방법을 배운다.

준비물

〈감정 과부하〉 활동지(유인물 6), 필기도구

진행 절차

1. 한 콘센트에 너무 많은 플러그를 꽂으면 어떤 일이 벌어질지를 학생들에게 질문하면서 이 활동을 시작한다. 전기회로가 과부하 되면서 퓨즈가 끊어지는 것과 어떤 감정들이 쌓여 결국 폭발해 버리거나 아니면 막 폭발하려고 하는 느낌들이 쌓여 갈 때의 감정 과부하 간의 유사점을 적어 본다.
2. 〈감정 과부하〉 활동지(유인물 6)를 나누어 주고, 1~4번까지만 완성해 보도록 지시한다.
3. 학생들을 3명씩 나누고, 각자의 반응들을 토론해 보게 한다.
4. 학생들과 함께 〈감정 과부하〉 활동지(유인물 6)의 5번을 살펴본다. 과정을 이해하기 쉽게 설명한 다음 학생들에게 6번을 완성해 보게 한다.

토론

내용에 대한 이해

1. 사람들이 감정적으로 과부하가 되면 전형적으로 무엇이 일어나나요?
2. 사람들이 왜 과부하 된다고 생각하나요? 여러 가지 이유에 대해서 토론해 보세요.
3. 감정의 과부하나 폭발적인 반응을 피하기 위해 당신은 무엇을 할 수 있을까요?

개인에게 적용하기

1. 여러분은 얼마나 자주 감정 과부하가 되나요?

2. 그럴 때 여러분이 그것을 다루는 방식에 대해 어떻게 느끼나요?
3. 이 활동을 통해 감정 과부하를 좀 더 효과적으로 다루는 데 도움이 되기를 바라는 것에서 여러분은 무엇을 배웠나요?

지도자 유의사항

청소년의 발달단계에서 정서적 격동은 보기 드물지 않다. 그러므로 스텝 바이 스텝(step by step) 분석으로 감정 과부하를 줄이는 것을 학생들에게 가르치는 것은 매우 유용할 수 있다.

[유인물 6]

〈감정 과부하〉 활동지

지시사항: 너무나 많은 부정적인 감정이 한꺼번에 쌓여 그것들을 다루는 효과적인 방법을 가지고 있지 못할 때 감정 과부하가 종종 발생합니다. 이때 무엇을 해야 하는지를 배우려면 다음의 단계를 밟아 보세요.

1. 감정적으로 과부하 되었던 때를 생각해 보고, 간단하게 그때의 상황을 묘사해 보세요.

2. 과부하 되었다고 느꼈을 때, 여러분이 경험한 것을 회상시키는 감정들을 적어도 4~6개 정도 확인해 보세요.

3. 과부하 되었을 때, 여러분이 무엇을 했는지 묘사해 보세요.

4. 여러분이 했던 방법이 감정의 과부하를 다루는 데 도움이 되고, 좋은 방법이었는지 아니었는지에 대해 비평해 보세요.

5. 이제 1단계로 되돌아가서 여러분이 감정 과부하를 느꼈던 그 상황을 다시 회상해 보세요. 쌓이는 모든 감정을 방출하기보다는 오히려 부정적인 감정들 중에서 하나(예를 들어, 화와 같은)를 선택한 다음, 화의 강도를 줄이는 방법을 배우기 위해 다음을 시작해 보세요.
   ① 화가 날 때, 대개는 '해야 한다(should)'나 '요구'가 포함된다(예를 들어, '그 사람은 날 이런 식으로 대해서는 안 돼.' '그녀는 이렇게 행동해선 안 돼.').
   ② 화가 여러분으로 하여금 이런 상황을 다루는 데 얼마나 도움이 될지 생각해 보세요.
   ③ 화를 줄이는 데 도움이 되려면 '해야 한다(should)'를 '선호'로 바꾸어 보세요(예를 들어, '난 그가 나를 이렇게 대하지 않았으면 좋겠어. 하지만 내가 그에게 어떻게 행동하라고 통제할 수는 없지.').
   ④ 이런 부정적인 감정이 상승하는 것을 막기 위해 여러분은 자기 자신에게 이외에 무엇을 말할 수 있는지 생각해 보세요(예를 들어, '내가 화에 오래 머물러 있을수록 화는 점점 더 계속 쌓일 거야.' '내가 화에 머무르면 머무를수록 신체적으로 누군가를 상하게 할지도 몰라. 그러면 난 더욱 나쁜 감정이 느껴지겠지.')
   ⑤ 당신이 이런 감정을 제쳐 둘 준비가 되어 있는지 아닌지를 결정하고 난 후에 감정을 다루어 보세요.

6. 여러분의 감정을 과부화 되게 하는 상황으로 되돌아가서 하나의 감정을 집어내세요. 5번의 ①~⑤ 단계의 충고를 이용하여 그 감정을 다루어 보세요.

[중학교 1 · 2학년]

신념과 행동

15. 원하는 것과 필요로 하는 것

목표

원하는 것과 필요로 하는 것 간의 차이를 배운다.

준비물

종이(1인당 12장씩), 필기도구

진행 절차

1. 각 학생마다 12장씩의 종이를 나누어 준다. 학생들에게 원하는 것이든지 또는 필요로 하는 것이든지 간에 열 가지를 떠오르는 대로 종이 1장에 한 가지씩 적게 한다. 그런 다음, 나머지 2장의 종이 중 하나에는 '원하는 것', 다른 하나에는 '필요로 하는 것'이라고 적게 한다. 이 두 항목을 기준으로 하여 10장의 종이를 학생들로 하여금 분류하게 한다.
2. 학생들에게 원하는 것과 필요로 하는 것에 대하여 의미를 물어본다. 필요로 하는 것은 생존을 위하여 가지고 있어야만 하는 것임을 알려 준다. 필요로 하는 것은 음식, 옷, 집과 같은 물질적인 것일 수도 있고, 안정감, 사랑, 소속감과 같은 감정적인 것일 수도 있다. 원하는 것은 사람을 좀 더 편안하게 또는 삶을 좀 더 쉽게 만들어 주지만 생존하는 데 필수적이지는 않은 것임을 알려 준다.
3. 학생들이 이것을 이해했으면 잘못 분류된 것을 바로 잡게 한다. 바꾼 항목 옆에 체크하도록 학생들에게 지시한다.
4. 학생들이 적은 원하는 것과 필요로 하는 것을 서로 이야기 나누도록 한다.

토론

내용에 대한 이해

1. 원하는 것과 필요로 하는 것 간의 차이는 무엇인가요?
2. 이 차이점을 배운 후에 분류한 항목들 중에서 바꾼 것이 있나요?

3. 모든 사람에게 음식, 옷, 집, 안정감, 사랑, 소속감이 필요하다는 데 동의하나요? 이것들은 여러분에게 무엇을 의미하나요?

개인에게 적용하기

1. 사실은 원하는 것인데 그것을 마치 필요한 것으로 말함으로써 여러분은 원하는 것과 필요한 것을 혼돈한 적이 있나요? 어떤 것을 필요로 하는 것이라기보다는 오히려 원하는 것으로 여길 때, 어떤 차이가 있나요?
2. 여러분은 어떤 것이 필요한데 그것을 얻지 못했던 적이 있나요? 이런 상황은 어떤 결과를 가져왔나요?
3. 여러분은 어떤 것을 원했는데 그것을 얻지 못했던 적이 있나요? 이런 상황은 어떤 결과를 가져왔나요? 여러분은 자신이 원하는 것을 무엇이든지 항상 가질 수 있다고 생각하나요?

지도자 유의사항

사람들은 어떤 것을 다른 정도로 원하고 필요로 한다는 점을 가르친다. 기본적으로 인간 모두는 음식을 필요로 하지만 어떤 사람은 다른 사람들보다 더 많은 양을 필요로 하기도 하고, 또 어떤 종류의 것들을 더 필요로 하기도 한다. 그러나 원하는 것과 필요로 하는 것 간에는 또한 미묘한 구분이 있다. 이것에 대하여 학생들의 생각을 토론해 보게 한다.

16. 나에게 무슨 일이 생길까

목표

자기 자신에게 최선의 도움이 되도록 행동의 결과를 평가하는 것을 배운다.

준비물

〈나에게 무슨 일이 생길까〉 활동지(유인물 7), 필기도구

진행 절차

1. 학생들에게 결과의 뜻을 설명해 준다. 즉, 결과란 어떤 행동을 한 것에 대한 결과로서 일어나는 것이다.
2. 학생들에게 〈나에게 무슨 일이 생길까〉 활동지(유인물 7)를 한 장씩 나누어 주고, 각 상황에 대한 결과를 학생들로 하여금 생각해 보게 한다.
3. 학생들이 각 상황에 대하여 생각해 낸 결과들 중에서 몇 개를 칠판에 적어 본다.

토론

내용에 대한 이해

1. 각 상황에 대한 결과를 생각하기가 어려웠나요?
2. 각 상황에 대하여 결과의 중요성은 같나요?
3. 좀 더 긍정적인 결과를, 아니면 좀 더 부정적인 결과를 생각했나요?

개인에게 적용하기

1. 여러분은 어떤 특별한 상황에 처하게 되면, 그 결과에 대해서 생각해 보나요?
2. 여러분은 자신의 행동을 미리 철저하게 생각해 보았기 때문에 그 결과가 긍정적으로 되었던 경우가 있나요, 아니면 생각을 미리 해 보지 않아서 부정적인 결과가 생겼던 경우가 있나요?
3. 결과에 대하여 배운 것을 자신의 삶에 어떻게 적용할 수 있을까요?

지도자 유의사항

자기 자신에게 최선의 도움이 되도록 결과를 진지하게 평가해 보는 것은 학생들로 하여금 행동하기 전에 생각을 해 보게 할 것이다.

[유인물 7]

〈나에게 무슨 일이 생길까〉 활동지

지시사항: 각 상황을 읽고, 그 결과가 어떻게 될지 적어 보세요.

1. 농구연습이 끝난 후 집에 타고 갈 것도 없고, 집에 전화할 수도 없고 해서 걸어가기로 결정했다.

   결과 ____________________

2. 친구 한 명이 생일파티를 연다. 아빠는 친구의 부모님이 집에 계실 때에만 친구 생일파티에 갈 수 있다고 말씀하신다. 난 친구의 부모님이 집에 계실 것이라고 말했지만 나중에 보니 친구의 부모님은 집에 계시지 않았다.

   결과 ____________________

3. 해야 할 과학 숙제가 많이 있는데 숙제는 안 하고 TV를 본다.

   결과 ____________________

4. 친구들이 가게에서 사탕과 팝콘을 훔쳐 오라고 시켜서 난 그렇게 했다.

   결과 ____________________

5. 어려운 시험을 치루고 있다. 선생님이 보지 않을 때 살짝 책을 봐야 시험에 낙제하지 않겠다는 생각이 든다.

   결과 ____________________

6. 부모님이 보지 말라는 영화를 보러 간다.

   결과 ____________________

7. 합주회 예행 연습을 빼먹어서 늦게 자야 한다.

   결과 ____________________

8. 친구 집에서 친구가 나에게 담배를 피워 보라고 한다. 난 피지 않기로 했다.

   결과 ____________________

17. 다른 사람들에게 무슨 일이 생길까

목표

다른 사람들에게 미칠 영향에 대한 측면에서 행동의 결과를 평가하는 것을 배운다.

준비물

〈다른 사람들에게 무슨 일이 생길까〉 활동지(유인물 8), 필기도구

진행 절차

1. 중학교 1 · 2학년을 위한 신념과 행동: 활동 2(나에게 무슨 일이 생길까)에서 배운 결과의 의미를 다시 한 번 설명해 주고, 결과란 자기 자신뿐만 아니라 다른 사람들에게도 영향을 미친다는 것을 강조한다. 학생들에게 〈다른 사람들에게 무슨 일이 생길까〉 활동지(유인물 8)를 한 장씩 나누어 주고, 다른 사람들에게 미칠 결과에 대하여 학생들로 하여금 생각해 보도록 지시한다.
2. 학생들이 제시한 결과들 중 몇 개를 칠판에 적어 보고, 이것에 관하여 토론해 본다.

토론

내용에 대한 이해

1. 자신이 한 행동의 결과가 다른 사람에게 어떤 영향을 미치리라는 것을 생각하는 것이 어려웠나요?
2. 결과의 대부분이 긍정적이었나요, 아니면 부정적이었나요?

개인에게 적용하기

1. 어떤 것을 할 때, 여러분은 그러한 행동이 다른 사람에게 어떤 영향을 미칠지에 대하여 자주 생각해 보나요? 만약 이런 것을 염두에 두지 않는다면 무슨 일이 생길까요?
2. 오늘 배운 것을 어떻게 적용할 수 있을까요?

지도자 유의사항

학생들이 자신이 하는 행동이 다른 사람에게 어떤 영향을 미치는가에 대하여 좀 더 많이 생각한다면 적절한 행동을 선택하는 데 도움이 될 것이다.

[유인물 8]

〈다른 사람들에게 무슨 일이 생길까〉 활동지

지시사항: 다음의 상황을 읽고, 자신이 한 행동의 결과가 다른 사람들에게 어떤 영향을 미칠지 적어 보세요.

1. 친구가 나에게 비밀 하나를 털어놓았는데 나는 다른 사람에게 그것을 말해 버렸다.

   결과 ______________________________

2. 선생님을 조롱해서 퇴학 당했다.

   결과 ______________________________

3. 할머니가 시장에 가려는데 장바구니가 너무 무거울 것 같아서 내가 같이 가기로 약속했다. 그런데 그 날 난 할머니 앞에 나타나지 않았다.

   결과 ______________________________

4. 형(동생)의 옷을 허락 없이 입고 나왔는데 그만 그것을 잃어버렸다.

   결과 ______________________________

5. 엄마가 편지를 오늘 꼭 부치라고 하셨는데 잊어버리고 그냥 왔다.

   결과 ______________________________

6. 난 어떤 사람에게 화가 난 상태이다. 그래서 난 그 사람에 대해서 말하지 말아야 할 것을 다른 사람들에게 말해 버렸다.

   결과 ______________________________

7. 새로 전학 온 학생에게 학교 주변을 안내해 주기로 했다.

   결과 ______________________________

8. 여동생이 하는 일을 도와주겠다고 했다.

   결과 ______________________________

From Thinking, Feeling, Behaving: An Emotional Curriculum for Children (Grades 7-12) (Rev. ed.)

18. 요구냐 혹은 선호냐

목표

요구와 선호 간의 차이를 구별하는 것을 배운다.

준비물

〈요구냐 혹은 선호냐〉 카드(각 집단별 한 벌씩)

진행 절차

1. 학생들을 4명씩 한 집단으로 나누고, 집중과 같은 게임을 하게 될 것임을 설명한다. 이 게임의 목적은 요구와 선호 간의 차이를 구별하기 위함이다.
2. '요구'와 '선호'라는 의미에 대해 토론해 본다. 요구란 명령이나 기대에 의해서 어떤 것을 하게 되는 명령어이고, 선호란 무슨 일이 일어나길 원하거나 누군가 그것을 해 주길 바라는 것으로서 명령이나 기대에 의해서 이루어지는 것은 아니다. 예를 들어, "나는 네가 이불을 폈으면 좋겠다." 하면 이것은 선호이다. 반면에, "넌 9시까지 집에 돌아와야 해." 하면 이것은 요구이다.
3. 집단별로 카드 한 벌씩을 나누어 준다. 여섯 개의 카드를 학생들이 집중할 수 있도록 일렬로 엎어 놓는다. 집단원 중 한 명에게 한 번에 두 장의 카드를 돌려 카드에 적혀 있는 내용이 요구인지, 선호인지를 말해 보도록 한다. 만약 카드들이 내용면에서 같거나 정확하게 동일하다면, 그 카드들은 뺀다. 만약 학생들이 카드를 부정확하게 분류한다면, 그런 카드들은 그냥 놔둔다. 지도자는 요구나 선호 간의 구별에 대한 질문이 있는 경우 판단자로서 행동한다. 이 게임은 모든 카드가 다 빠져야 끝난다.

토론

내용에 대한 이해

1. 요구와 선호를 구별하기가 어려웠나요?

2. 요구와 선호 간의 구별을 어떻게 설명할 수 있나요?

개인에게 적용하기

1. 여러분은 대체로 요구를 하는 편인가요, 아니면 선호를 하는 편인가요? 여러분이 상호작용하고 있는 다른 사람들은 어떤가요?
2. 요구와 선호를 구별할 수 있는 것이 여러분 자신에게 얼마나 도움이 된다고 생각하나요?
3. 오늘 배운 것을 어떻게 적용할 수 있을까요?

지도자 유의사항

이 시기의 학생들은 종종 그들이 원하는 모든 것이 즉시 이루어지기를 기대하고 요구한다. 이때 선호적 표현이 중요하다는 점과 자신이 바라는 모든 것이 일어나기를 기대할 수 없다는 점을 학생들이 깨달을 수 있도록 도와준다.

〈요구냐 혹은 선호냐〉 카드

지시사항: 다음 문장을 카드에 적어 한 벌의 카드를 만드세요. 4명씩 한 집단으로 나누고, 집단별로 카드를 한 벌씩 나누어 주세요.

난 일주일에 한 번은 피자를 먹어야 해. 그렇지 않으면 난 참을 수 없을 거야. (요구)	친구가 더 많으면 좋겠어. (선호)
난 저 영화를 보고 싶어. (선호)	난 이번 시험에서 우수한 성적을 받아야 해. (요구)
난 10시까지 자지 않고 그냥 있고 싶어. (선호)	난 어떤 것보다도 피자 먹는 것을 좋아해. (선호)
부모님이 영화 보러 가는 것을 허락하지 않으면, 몰래 집을 나와야지. (요구)	시험에서 좋은 성적을 받았으면……. (선호)
그녀가 내 친구가 되어 주지 않으면 난 죽을 거야. (요구)	내가 10시까지 깨어 있지 않으면 난 돌아 버릴 거야. (요구)
난 무슨 일이 있어도 응원단 결성을 꼭 해야만 해. (요구)	난 ○○를 못 봐 주겠어. ○○는 내 욕하고 다니는 걸 그만 두는 게 좋을걸. (요구)
피아노를 사주지 않으면, 학원에 안 다닐거야. (요구)	난 응원단장으로 뽑히고 싶어. (선호)
난 ○○가 날 욕하지 않으면 좋겠어. (선호)	난 과학수업을 들었으면 해. (선호)
그 사람은 내게 8시에 전화하는 게 나아. 그렇지 않으면 다시는 그 사람하고 말도 안할 거야. (요구)	그 사람이 8시에 전화하면 좋겠다. (선호)

19. 요구를 버리기

목표

요구적인 행동을 줄이는 전략을 배운다.

준비물

종이, 필기도구

진행 절차

1. 칠판에 다음과 같이 '해야만 한다'는 것을 적고, 요구의 의미를 검토한다.

• 학생이라면 항상 단정하게 옷을 입어야 한다. 그렇지 않으면 퇴학 당하게 될 것이다. • 부모라면 당연히 자식이 하고 싶어 하는 것은 무엇이든지 하도록 허락해 주어야 한다. • 모든 것을 내 맘대로 해야 돼. • 선생님은 학생들을 공평하게 대해야 해. • 내가 하는 모든 것을 완벽하게 해내야 해.

2. 학생들에게 앞에서 말한 요구들에 동의하는지, 아니면 반대하는지 물어본다. 그러면서 우리는 그 일이 어떤 식으로 이루어지기를 선호할 수는 있어도 그 일이 반드시 어떤 식으로 이루어져야만 한다는 법도, 이유도 대체적으로 없기 때문에 요구라는 것은 비합리적인 생각의 한 종류임을 알려 준다.
3. 학생들에게 종이에 자기 자신이나 타인에 대해서 가지고 있는 요구를 세 가지 정도 적어 보게 한다. 그것을 이야기 나누도록 한다.
4. 요구할 때 생기는 부정적인 결과를 말해 본다. 만약 자신이 어떤 일은 어떤 식으로 되어야만 한다고 생각한다면, 자신이 원하는 대로 이루어지지 않았을 때 흥분되고 좌절하게 될 것이라는 점을 설명해 준다. 만약 자신이 집요하게 요구한다면, 생각하는 데 있어서 융통성이 없게 되고 많은 부정적인 감정을 느끼게 될 것이다.
5. 학생들이 자신의 요구에 다음과 같이 질문해 봄으로써 요구적인 생각과 행동을 줄이는 것

을 토론하게 한다. 스스로에게 이렇게 묻도록 한다.

- "그것이 꼭 이런 식으로 되어야만 한다고 누가 말했는가?"
- "상황이 내가 원하는 대로 되리라고 기대하는 것이 합리적인가?"
- "내가 원하는 대로 되지 않는다고 해서 그것이 정말로 그렇게 못 견딜 일인가?"

요점을 강조하기 위해서 학생들 자신의 사례를 이용한다.

토론

내용에 대한 이해

1. 여러분 자신의 요구가 현실적이라고 생각하나요?
2. 여러분 스스로에게 질문해 보았을 때, 자신이 한 요구에 대하여 무엇을 깨닫게 되었나요?
3. 선호하는 것과 요구하는 것 간의 차이는 무엇인가요? 어느 것이 더 건강한가요?

개인에게 적용하기

1. 요구하는 것에 대하여 깨달은 것은 무엇인가요?
2. 여러분 자신이 너무 요구한다고 생각된다면, 자신이 변화되기를 원하나요? 만약 변화되기를 원한다면, 어떻게 해야 변화가 이루어질까요?

지도자 유의사항

학생들에게 비현실적이고 부정적인 요구에 대하여 자기 자신에게 대화하는 방법을 보여 주어야 한다. 그리고 어떤 것이 마땅히 '~해야만 한다'라고 말하는 것과 반대되는 선호적인 것에 대한 개념을 강조한다. 이것은 어려운 개념이다. 그러므로 요점을 이해할 수 있도록 많은 실례를 들어 설명한다.

20. 비합리적인 신념에 도전하기

목표

비합리적인 신념에 도전함으로써 좀 더 융통성 있는 사고를 하도록 배운다.

준비물

〈비합리적인 신념에 도전하기〉 활동지(유인물 9)

진행 절차

1. 중학교 1 · 2학년을 위한 신념과 행동: 활동 4(요구냐 혹은 선호냐)와 활동 5(요구를 버리기)에서 제시한 비합리적인 신념의 특징을 검토하면서 사고의 융통성을 소개한다.
2. 비합리적인 사고와 관련된 부정적인 면들을 살펴본다. 부정적인 면에는 타인에 대한 행동에서의 비융통성, 자기 자신이나 타인에게 갖는 비현실적으로 높은 기대, 요구적인 생각과 행동, 부정적인 정서의 출현 등이 있다. 좀 더 융통적인 사고가 이루어지도록 비합리적인 신념은 도전 받아야 한다는 점을 설명한다.
3. 비합리적인 신념에 도전하기의 한 예로서 다음을 살펴본다.

상황

학교 축구팀에 뽑히지 못했다.

비합리적인 신념

- '나는 낙오자야.'
- '나는 다시는 그 어떤 것도 제대로 하지 못할 거야.'
- '내가 좀 더 열심히 했어야 했는데…….'
- '불공평해. 코치 선생님은 편애를 해.'
- '아휴, 너무 힘들어. 그만 두어야지.'

감정

화가 남, 좌절감, 실망감

> 도전
>
> - 학교 축구팀에 뽑히지 못했다는 이유만으로 내가 모든 면에서 낙오자라고 말할 수 있는가?
> - 나는 정말로 다시는 그 어떤 것도 제대로 하지 못하게 될까? 내가 좀 더 열심히 했다 하더라도 뽑히지 않을 수도 있는 일 아닌가?
> - 내가 뽑히지 못했다는 이유만으로 코치 선생님이 편애를 한다고 확실하게 말할 수 있을까? 뽑히지 못한 이러한 상황이 개선될 여지가 있는가? 모든 사람이 다 뽑힐 수 있는 것은 아니지 않은가?
> - 이 힘든 세상에서 완전한 만족이 있을까? 포기함으로써 무엇을 얻을 수 있는가?

4. 자기 자신에게 도전적인 질문을 할 때 무슨 일이 일어나는지를 토론하게 한다. (근본적으로 비합리적인 사고를 합리적인 사고로 바꾼다.)
5. 학생들을 두 집단으로 나누고, 〈비합리적인 신념에 도전하기〉 활동지(유인물 9)를 각 집단에 한 장씩 나누어 준다. 우선, A집단의 1번 선수가 첫 문항을 읽으면 B집단의 1번 선수가 최소 두 개의 비합리적인 신념을 말하도록 한다. (만일 B집단의 1번 선수가 두 개의 비합리적인 신념을 말하지 못하면, A집단의 2번 선수가 말하면 된다.) 그런 다음, 반대 집단의 2번 선수가 비합리적인 신념에 대한 논박 두 가지를 말하도록 한다. (만약 이 사람이 논박 두 가지를 말하지 못하면, 반대 집단의 3번 선수가 말하면 된다.) 이런 식으로 〈비합리적인 신념에 도전하기〉 활동지(유인물 9)에 있는 모든 문항이 다루어질 때까지 진행한다. 각각에 대하여 정확한 반응을 해야 1점이 주어진다. 최고의 점수를 얻은 집단이 우승하게 된다.

토론

내용에 대한 이해

1. 도전적인 질문을 한 후에 신념에 무슨 일이 생겼나요?
2. 도전적인 질문을 할 때, 어떤 문제가 있었나요?
3. 도전적인 질문의 가치는 무엇일까요?

개인에게 적용하기

1. 여러분은 비합리적인 신념에 도전해 본 적이 있나요? 있다면 그 결과는 어땠나요?
2. 도전해 본 적이 없다면, 이 기법이 여러분에게 도움이 되리라고 생각하나요? (학생들에게 도전하고 싶은 비합리적인 신념이 있다면 말해 보도록 권장한다.)

지도자 유의사항

비록 도전의 개념이 어렵다고 할지라도 매일매일의 상호작용 속에서 생기는 비합리적인 사고를 바꾸게 하려면 학생들로 하여금 꾸준히 연습하도록 강조한다.

[유인물 9]

〈비합리적인 신념에 도전하기〉 활동지

지시사항: A집단의 1번 선수가 1번 문항을 큰 소리로 읽으면, B집단의 1번 선수가 그 상황에 대한 비합리적인 신념을 두 가지 말하세요. A집단의 2번 선수가 이 비합리적인 신념에 대한 논박을 두 가지 말하세요. 만일 어떤 선수이든 정확한 반응을 하지 못하면 그 반대 집단이 반응하면 됩니다. 모든 문항이 끝날 때까지 계속합니다. 정확한 반응을 해야 1점을 준다.

1. 게임을 이길 수 있는 기회가 나에게 왔는데 내가 그만 헛발질을 하고 말았다.

2. 수학에서 100점을 맞지 못했다.

3. 가장 친한 친구가 이사를 간다.

4. 독감에 걸려 학교 행사에 참여할 수 없게 되었다.

5. 우리 학교 응원단장 선발시험이 오후에 있다. 그래서 난 지금 신경이 예민해져 있다.

6. 선생님이 내가 무슨 일을 하지 않았다며 야단을 치셨다.

7. 내일 네 가지 과목을 시험 본다.

8. 내가 좋아하는 사람이 나에게 별 관심이 없다.

9. 부모님이 이혼하려고 하신다.

10. 꼬마들이 내 옷을 가지고 장난치고 있다.

21. 사실일까, 아니면 추측일까

목표

사실과 추측을 구별하는 것을 배운다.

준비물

〈사실일까, 아니면 추측일까〉 활동지(유인물 10) (교실 앞에 게시될 수 있도록 큰 크기로 복사한다.), 필기도구, 마스킹 테이프, 마커펜

진행 절차

1. 이 활동을 소개하기 위해 학생들에게 '사실(진실이라고 입증될 수 있는 것)'과 '추측(진실이라고 추측되지만 그것이 진실이라고 입증되거나 조사한 적은 없는 것)'에 대하여 말해 보도록 한다. 그 다음, 책 한 권을 집어 들고 학생들에게 그 책에 대한 사실(예를 들어, 커버가 있고, 직사각형 모양이고, 두껍고, 종이표지로 되어 있는)을 확인해 보게 한다. 추측(예를 들어, '두꺼우니까 읽는 데 시간이 오래 걸릴지도 몰라.' '그 책은 좋을 거야.' '책 속에 허풍 같은 과장된 말이 많이 있겠군.')에 대해 물어본다.
2. 학생들에게 〈사실일까, 아니면 추측일까〉 활동지(유인물 10)를 나누어 준다. 학생들에게 각 항목을 읽고 사실에는 '사실'로, 추측에는 '추측'이라고 적어 보게 한다. 다 했으면 학생들에게 4명씩 한 집단으로 만들게 한다. 학생들이 각자의 반응들을 토론하고 비교해 보면서 각 항목에 대해 의견이 하나로 일치되도록 하게 해 본다.
3. 각 집단의 리더를 뽑아 교실 앞으로 나오게 한다. 그 다음, 벽에 테이프로 붙여진 〈사실일까, 아니면 추측일까〉 활동지(유인물 10)의 1번 문항을 읽게 한다. 각 리더가 자신이 속한 집단의 반응을 읽으면서 사실 혹은 추측이라고 적는다. 다음 문항을 진행하기 전에 모든 집단원이 전적으로 동의했는지 아닌지 등과 같이 각 집단원이 그들만의 결말에 어떻게 이르게 되었는지에 대해 토론해 본다. 각 집단이 항목을 평가하는 데 있어서 어느 정도의 불일치가 있다면, 그것을 토론해 보고 올바른 결론에 도달하게 한다.

토론

내용에 대한 이해

1. 사실과 추측을 구별하는 것이 얼마나 어려웠나요?
2. 이 두 개념 간의 차이를 여러분은 어떻게 묘사하려 하나요?
3. 이러한 구별하기가 왜 중요하다고 생각하나요?

개인에게 적용하기

1. 어떤 것이 실제로는 추측인데 사실이라고 생각하면서 착각해 본 적이 있나요? 만약 그렇다면, 그 결과는 어떠했나요?
2. 만약 여러분이 사실과 추측 간의 차이를 명확하게 구분 짓는다면, 여러분의 삶은 어떻게 달라지리라고 생각하나요? 친구, 형제자매, 교사, 부모와의 관계와 같은 영역에서 실례를 들어 이야기를 나누어 보세요.
3. 추측하는 대신에 사실에 바탕을 두고 생각하기 위해서 매일 무엇을 할 수 있을까요?

지도자 유의사항

이 활동의 중요한 추수활동은 학생들에게 사실에 바탕을 두고 생각하도록 도전하고, 추측을 피하는 것이 학생들에게 어떤 다양한 방식으로 영향을 미치는지에 대해 매일 토론해 보게 하는 것이다.

[유인물 10]

〈사실일까, 아니면 추측일까〉 활동지

지시사항: 다음의 상황을 읽고, '사실(진실이라고 입증될 수 있는 것)'이나 '추측(진실이라고 추측을 하지만 아직 입증되지는 않은 것)'으로 분류해 보세요.

1. ____________ 그녀는 모든 사람에게 속물 같은 사람이야.
2. ____________ 내일 시험이 있어.
3. ____________ 난 결코 이 과제를 다 끝내지 못할 거야.
4. ____________ 저 팀은 이기려고 항상 열심히 노력해 왔어.
5. ____________ ○○○ 햄버거가 최고야.
6. ____________ 내 머리는 늘 보기 흉해.
7. ____________ 튀김은 너에게 좋지 않아.
8. ____________ 담배는 건강에 해로워.
9. ____________ 만약 그 선생님이 나를 괴롭히지 않았더라면, 더 좋은 성적을 받았을 텐데…….
10. ____________ 우리 부모님을 만족시키는 것은 불가능해.
11. ____________ 난 저 시험에서 확실히 낙제할 거야.
12. ____________ 멋진 파티가 될 거야.

[중학교 1 · 2학년]

문제해결/의사결정

22. 객관적이기

목표

문제해결과 의사결정 과정에 대한 감정의 결과를 배운다.

준비물

종이, 필기도구

진행 절차

1. 학생들에게 요즘 경험하고 있는 어려운 문제들이 있다면 떠오르는 대로 말해 보게 한다. 이 시기의 학생들은 문제를 해결해야 할 필요가 있거나 의사결정을 해야 할 필요가 있다. 그들이 겪는 문제들이란 다음과 같은 것들이다. 즉, 이성 친구를 사귀어야 하는지 또는 말아야 하는지, 친구들로부터 어떻게 하면 수용받을 수 있는지, 술을 마시거나 약물을 복용해야 하는지, 부모님이 세운 규칙들을 따라야 하는지, 공부를 열심히 해야 하는지 또는 말아야 하는지 등이다.
2. 학생들에게 2명씩 짝을 짓게 하고, 다음의 상황에 대하여 토론해 보게 한다.

> 나에게는 5년 동안 친하게 지내온 친구 한 명이 있다. 이 친구는 체육이나 음악은 잘했지만 국사는 별로 잘하지 못했다. 어느 날부터 그 친구는 다른 친구들에게 나와 내 친구들에 관하여 나쁜 말을 하고 다녔다. 그 나쁜 말은 나를 정말 기분 나쁘게 만들었다. 그런데 오늘 그 친구는 내가 공들여서 정리한 국사 노트를 복사해 달라고 한다. 이럴 때 난 어떻게 해야 할까요?

3. 전체 집단으로 하여금 어떤 반응을 할 것인가를 토론하게 한다. 감정이 의사결정 과정에 얼마나 악영향을 미칠 수 있는지에 대하여 각자 의견들을 내본다.

토론

내용에 대한 이해

1. 인간관계에서 기분이 나빠지게 될 때, 여러분이 해야 하는 일에 있어서 결정을 내리는 데 얼마나 영향을 미쳤나요? 만약 기분이 나쁘지 않았더라도 그와 같이 똑같은 결정을 내렸을까요?
2. 감정을 잠시 옆에다 제쳐 두고 문제를 좀 더 객관적으로 다룰 수 있는 방법이 있다고 생각하나요? 만약 있다면 어떤 방법인가요?

개인에게 적용하기

1. 여러분은 흥분되거나, 슬프거나, 화가 날 때 문제를 해결하거나 어떤 결정을 내려야 하는 처지에 놓인 적이 있었나요? 만약 있었다면, 감정이 의사결정력에 어떤 영향을 미쳤다고 생각하나요?
2. 여러분은 무엇이 의사결정 과정을 보다 효과적으로 할 것이라고 생각하나요?

지도자 유의사항

학생들이 의사결정 과정이 감정에 의해 영향을 받는다는 것을 깨닫게 된다면, 감정에 따라 행동하지 않고 감정을 잠시 옆에다 제쳐 두고 대안과 결과에 대하여 충분히 숙고한 후에 자신의 가치관에 따라 의사결정 하는 것을 보다 더 잘할 수 있게 될 것이다.

23. 문제와 친구들의 압력

목표

개인적인 문제해결에 있어서 친구들로부터 오는 압력의 영향력을 평가하는 것을 배운다.

준비물

〈문제와 친구들의 압력〉 활동지(유인물 11)

진행 절차

1. 학생들에게 〈문제와 친구들의 압력〉 활동지(유인물 11)를 한 장씩 나누어 준다. 각 상황을 읽고, 그것이 자신의 문제라고 가정하여 자신이 무엇을 할 것인지를 결정해 보게 한다.
2. 학생들을 5명씩 한 집단으로 나눈다. 각 집단에게 토론할 문젯거리를 하나씩 할당한다. 또 각각의 집단에게 녹음기를 하나씩 나누어 준다. 집단원 각자가 어떤 결정을 내렸으며, 결론에 도달하는 데 어떤 요인들을 고려했는지에 관하여 서로 이야기를 나눈다. 녹음기로 의사결정 과정에서 고려된 여러 생각을 녹음하게 한다.
3. 결정을 내리는 데 고려된 요인들을 서로 이야기해 본다.

토론

내용에 대한 이해

1. 결정을 내리는 데 있어서 친구들의 수용이나 인정이 얼마나 영향력을 미쳤나요?
2. 친구들의 수용이나 인정 이외에 다른 어떤 요인들이 중요해 보였나요?
3. 친구들의 수용이나 인정에 따라서 결정을 내리는 것이 얼마나 현명한가요? 자주 이렇게 한다면 그 결과는 어떨까요?

개인에게 적용하기

1. 여러분은 친구들의 수용이나 인정에 따라서 결정을 내려 본 적이 있나요? 자신이 내린 결정과 그 결정의 결과에 만족했나요?

지도자 유의사항

학생들이 결정을 내리는 데 고려되는 여러 요인을 깨닫고, 친구들의 영향이 결정을 내리는 데 중요한 역할을 한다는 점을 이해하도록 강조한다. 학생들로 하여금 친구들의 압력에 대한 결정의 결과를 조용히 혼자 바라보게 하는 것은 의사결정에 대한 효과적인 접근을 개발하는 데 중요하다.

[유인물 11]

〈문제와 친구들의 압력〉 활동지

지시사항: 다음의 상황을 읽고, 각각의 상황에 대하여 여러분은 어떻게 할 것인가를 결정해 보세요.

1. 친구와 나는 영화를 보러 갔는데 뒷줄에 앉게 되었다. 영화가 시작되기 바로 전에 중학교 3학년 선배가 와서는 맥주 마시러 가지 않겠느냐고 한다. 난 정말 그렇게 하고 싶지 않은데, 내 친구는 좋다고 하는 것이다. 이럴 때 난 어떻게 해야 할까? 영화를 볼까, 아니면 그들을 따라갈까?

2. 나는 친구들 몇 명을 불러 밤새워 놀기로 했다. 부모님이 잠드신 후, 친구들 중 두 명이 담배를 피기 시작했다. 난 불안했다. 친구들이 담배를 피우도록 놓아두어야 할지, 아니면 친구들에게 담배를 피우지 말라고 말해야 할지, 아니면 부모님께 말해야 할지 잘 모르겠다. 이럴 때 난 어떻게 해야 할까?

3. 내 친구가 수영을 한 후 샤워하러 들어갔다. 그런데 그때 몇 명의 불량 학생이 가위를 들고 와서는 나에게 친구 바지를 찢으려고 하니 바지를 내놓으라는 것이다. 난 그런 것은 나쁜 짓이라는 생각이 들었다. 그러나 상대는 불량배들이고, 난 무서웠다. 이럴 때 난 어떻게 해야 할까?

4. 친구가 밤새워 놀자고 한다. 그런데 나의 부모님은 그 친구의 엄마, 아빠 중 누구라도 집에 계신지를 알아보라고 하신다. 내 친구는 집에 부모님이 계시지 않아도 계신다고 거짓말하라고 한다. 내 친구는 다른 친구들도 더 올 것이라고 한다. 이럴 때 난 어떻게 해야 할까? 부모님께 사실대로 말해야 할까, 아니면 친구가 나에게 시키는 대로 부모님께 거짓말을 해야 할까?

5. 어떤 친구가 특히 점심시간에 이상하게 행동한다. 나는 그 친구가 어떤 것도 많이 먹지는 않으면서 냅킨에 음식을 싸서 몰래 숨기는 것을 보았다. 덕분에 점심을 먹지 않는다고 선생님께 꾸지람을 들은 적이 없다. 어떤 때는 그 친구가 음식을 마구 많이 먹더니 화장실에 갔다 오는 것을 보기도 했다. 난 그 친구에게 섭식장애가 있는 것을 알아차리고는 두려웠다. 내가 이것을 알게 되자 그 친구는 걱정할 것이 아니라며 어떤 것도 말하지 말아 달라고 나에게 간청했다. 내 생각에 문제는 점점 더 심각해져 갔다. 이럴 때 난 어떻게 해야 할까?

24. 내가 무엇을 통제할 수 있을까

목표

주어진 문제에서 어떤 요인들이 내가 통제할 수 있는 것인지, 아니면 없는 것인지를 배운다.

준비물

〈내가 무엇을 통제할 수 있을까〉 활동지(유인물 12), 필기도구

진행 절차

1. 주어진 문제 상황의 모든 부분을 통제할 수 있게 되기를 원한다고 해도 그러한 통제는 종종 불가능하다는 점을 설명해 준다. 예를 들어, 만약 부모님이 이혼을 하려 하고 그 결과 여러분에게 문제가 생기게 된다면, 여러분은 부모님의 이혼에 어떤 통제도 할 수 없지만 여러분은 그 문제의 어떤 부분에 대한 여러분의 반응과 여러분의 결정을 통제할 수 있다.
2. 학생들에게 〈내가 무엇을 통제할 수 있을까〉 활동지(유인물 12)를 한 장씩 나누어 준다. 각 상황을 읽고, 자신이 통제할 수 있다고 느끼는 만큼 연속선상에 표시를 하게 한다. 그리고 그 상황에서 자신이 할 수 있는 것이 무엇인지를 정확하게 적어 보게 한다.
3. 모두 완성했으면 서로 이야기를 나누어 본다.

토론

내용에 대한 이해

1. 처음에 통제할 수 있다고 생각했던 것보다 문제의 더 많은 부분들을 통제할 수 있었나요?
2. 여러분이 통제를 못하겠다거나 통제력이 미약한 수준에 있다고 보이는 문제가 있나요?
3. 여러분이 얼마만큼의 통제력을 가졌는지 결정하기가 어려웠나요? 어떤 상황이 가장 어려웠나요?

개인에게 적용하기

1. 어떤 문제가 생겼을 때 그 문제의 어떤 부분은 통제가 되는데, 나머지 부분들은 통제가 되지 않았던 적이 있나요? 이야기를 나누어 보세요.
2. 어떤 문제의 모든 부분을 통제할 수는 없어도 그 문제의 일부분이라도 통제할 수 있다는 것을 아는 것이 여러분에게 좋게 느껴지나요?
3. 오늘 배운 것 중에서 자신의 삶에 적용할 수 있는 것은 무엇인가요?

지도자 유의사항

문제 상황들은 여러 가지 많은 요인을 가지고 있다. 그 요인들 중 어떤 것은 일반적으로 인간의 통제 아래에 있다. 예를 들어, 한 사람이 언니가 임신하는 것을 통제할 수는 없지만, 그 사람은 언니를 시중들어 줄 수도 있고, 한 사람의 인간으로 계속해서 수용할 수 있다.

[유인물 12]

〈내가 무엇을 통제할 수 있을까〉 활동지

지시사항: 각 상황을 읽고, 여러분이 그 문제를 다루는 데 얼마나 통제할 수 있다고 생각하는지 연속선상에 표시해 보세요. 만약 통제할 수 있다면, 그 문제 상황에서 여러분이 무엇을 할 수 있는가를 적어 보세요.

1. 일요일에 있는 연주회에 어떤 이성 친구를 데려갔으면 좋겠다.

   통제를 전혀 할 수 없다 ________________________________ 통제를 완전히 할 수 있다

   내가 무엇을 할 수 있을까? (   )

2. 아빠가 직장을 잃어서 우리 식구는 돈에 쪼들리고 있다.

   통제를 전혀 할 수 없다 ________________________________ 통제를 완전히 할 수 있다

   내가 무엇을 할 수 있을까? (   )

3. 고등학생인 나의 언니가 담배를 피운다는 것을 알았다.

   통제를 전혀 할 수 없다 ________________________________ 통제를 완전히 할 수 있다

   내가 무엇을 할 수 있을까? (   )

4. 어떤 아이가 계속해서 나를 놀린다. 난 그게 싫다.

   통제를 전혀 할 수 없다 ________________________________ 통제를 완전히 할 수 있다

   내가 무엇을 할 수 있을까? (   )

5. 난 어떤 과목에서 매우 낮은 점수를 받았다.

   통제를 전혀 할 수 없다 ________________________________ 통제를 완전히 할 수 있다

   내가 무엇을 할 수 있을까? (   )

6. 나의 가장 친한 친구가 그의 부모님을 매우 싫어한다. 그 친구는 가출할 것 같다.

   통제를 전혀 할 수 없다 ________________________________ 통제를 완전히 할 수 있다

   내가 무엇을 할 수 있을까? (   )

25. 해결을 지연시키기

목표

어떤 문제는 그 즉시 해결될 수 없기 때문에 그럴 때에는 문제의 해결을 미루는 법을 배운다.

준비물

종이, 필기도구

진행 절차

1. 학생들에게 지난 2년 동안에 겪었던 문제들 중 다섯 개를 뽑아 종이에 그 문제들을 짧게 적어 보게 한다. 이야기하지 않는 한 적은 내용은 비밀이 보장될 것임을 말해 준다.
2. 학생들이 다섯 가지 문제를 적는 동안에 칠판에 다음 내용을 적는다.

• 심각한	• 가벼운
• 장기간 참기(몇 시간 이상)	• 단기간 참기(몇 시간이거나 그 이하)
• 혼자 해결함	• 해결을 위해 도움이 필요함

3. 학생들에게 앞의 경우를 설명해 주고, 자신이 기술한 문제들 각각에 대하여 세 가지 경우를 적어 보게 한다. 예를 들어, 형제간의 싸움은 보통 있는 가벼운 문제일 수 있으므로 '가벼운', 그러나 형제간의 싸움이 오래 갈 수도 있으므로 '장기간 참기', 그리고 문제를 해결하는 데 도움이 필요할 수도 있으므로 '해결을 위해 도움이 필요함'이라고 적으면 된다.
4. 학생들이 발표하기를 원한다면 자신이 적은 문제들과 앞의 경우를 서로 얘기해 본다.

토론

내용에 대한 이해

1. 문제에 앞의 경우를 정리하면서 무엇을 발견했나요? 문제들 대부분이 심각한 것인가요, 아니면 가벼운 것인가요? 장기간인가요, 아니면 단기간인가요? 쉽게 풀렸나요, 아니면 어려웠

나요?

2. 즉각적인 해결책이 없다는 이유로 심각한 문제와 좀 더 빨리 해결이 난다는 이유로 덜 심각한 문제 간의 차이는 무엇이라고 생각하나요?

개인에게 적용하기

1. 즉각적인 해결책 없이 심각한 문제가 생겼을 때, 그 문제가 해결될 때까지 여러분은 어떻게 대처해 왔나요?
2. 문제와 그 해결책에 대하여 무엇을 알게 되었나요?

지도자 유의사항

내용에 대한 이해와 개인에게 적용하기의 질문들은 학생들로 하여금 문제의 특성에 관한 이해가 문제해결에 도움이 된다는 점을 깨닫게 해 준다. 학생들이 다른 유용한 기술들을 제안할 수도 있다. 예를 들어, 건설적인 자기 대화하기, 다른 것들을 해 보기, 문제를 질질 끌지 않기, 완벽한 해결책에 대한 기대를 버리기 등이 그것이다.

26. 해결을 상상해 보기

목표

문제해결 기법으로서 심상법의 가치를 배운다.

준비물

없음

진행 절차

1. 무언가를 처음 배우기 시작했을 때(예를 들어, 자전거 타기, 수상스키 타기, 스케이트 타기)를 회상해 보게 한다. 어떻게 그런 특별한 기술을 배우게 되었다고 생각하는지 말해 보게 한다.
2. 학생들에게 외줄타기를 배우고 있는 자신의 모습을 상상해 보도록 한다. 외줄타기에 필요한 스텝에 대해 설명해 준다. 우선, 줄 위에서 균형잡기, 줄에 직각으로 스텝 밟기, 정확한 손과 발의 위치를 잡기, 줄에서 내리는 방법 알기 등이다. 학생들에게 눈을 감게 하고, 다음을 마음 속으로 상상하게 한다. 사다리를 천천히 오르기, 줄 위에 가볍게 얌전히 스텝을 놓기, 양손으로 균형 잡기, 한 발 앞에 다른 발 놓기 등이다.
3. 학생들에게 최근에 경험한 문제들 중에서 위험했거나, 하기를 꺼려 했었던 것을 했거나, 누군가에게 무언가를 말하는 것과 같은 것들을 생각해 보게 한다. 그런 다음, 한 번에 한 스텝씩 그 문제의 단계를 밟아 가는 모습을 심상해 보게 한다. 이렇게 한 후 학생들에게 소감을 발표하게 한다.

토론

내용에 대한 이해

1. 문제 상황에 대한 해결책이나 해결의 단계를 심상할 수 있었나요?
2. 심상하기가 도움이 된다고 생각하나요? 만약 도움이 된다면, 왜 그럴까요?

개인에게 적용하기

1. 문제를 해결하기 위하여 상상을 해 본 적이 있나요? 만약 있다면 어떤 유형의 문제였는지, 그리고 심상이 여러분 자신에게 얼마나 도움이 되었는지 말해 보게 한다. (특히, 심상이 자주 사용되는 스포츠 분야의 예를 들면 좋다.)
2. 심상은 문제를 다루기 쉽게 만드는 데 사용되는 것인가요?

지도자 유의사항

심상은 어려운 문제 상황에서 생기는 강한 감정을 조절하는 데 종종 유용한 방법으로 쓰인다.

27. 장기적으로 바라보기

목표

장기간의 목표를 달성하기 위해서 단기간의 목표를 세우는 능력을 배운다.

준비물

색인 카드(대통령, 기업의 회장, 선생님, 정치인, 영화배우 등이 적힌)

진행 절차

1. '목표(얻으려고 애쓰다가 도달하는 끝)'의 의미에 대하여 정리한다. 어떤 목표는 빨리 달성할 수 있는 단기적인 것이 있고, 어떤 목표는 달성하는 데 몇 년이 걸리는 장기적인 것이 있다. 장기적인 목표가 현실화되려면 최종 결과로 이끄는 여러 단기적인 목표를 세워야 한다.
2. 학생들을 네 집단으로 나누고, 각 집단에게 앞서 준비한 색인 카드를 한 장씩 나누어 준다. 그런 다음, 각 집단은 색인 카드에 적혀 있는 사람이 장기적인 목표를 달성하기 위해서 어떤 단기적인 목표들을 세워야 하는지를 정해 본다.
3. 앞의 절차가 끝나면 서로 이야기 나누어 본다. 장기적인 목표는 하룻밤에 이루어지는 것이 아니라는 것을 강조한다. 성공한 사람들은 최종 목표에 도달하는 데 필요한 여러 단기적인 목표를 구체화시킬 수 있는 능력을 가지고 있다.
4. 학생들에게 자기 자신만의 목표가 무엇인지 말해 보게 한다.

토론

내용에 대한 이해

1. 장기적인 목표와 단기적인 목표의 차이점은 무엇일까요?
2. 사람들이 장기적인 목표를 어떻게 정한다고 생각하나요?
3. 단기적인 목표를 어떻게 세울 수 있었나요?

개인에게 적용하기

1. 여러분은 어떤 장기적인 목표가 있나요? 만약 있다면, 장기적인 목표를 갖는 것이 여러분의 미래에 얼마나 도움이 될 것이라고 생각하나요? 이야기를 나누어 보세요.
2. 여러분은 장기적인 목표 달성을 위해서 단기적인 목표들을 세워 본 적이 있나요? 이야기를 나누어 보세요.

지도자 유의사항

장기적인 목표가 먼저 정해지면 그에 따라 여러 가지 단기적인 목표가 정해지는데, 계속적인 꾸준한 노력 없이 뜻 있는 그 어떤 일도 달성될 수 없다는 점을 강조한다.

28. 백지장도 맞들면 낫다

목표

협력적인 의사결정의 이득을 배운다.

준비물

〈백지장도 맞들면 낫다〉 활동지(유인물 13), 필기도구

진행 절차

1. 학생들에게 다음 문장을 10초 내에 말이 되도록 정돈해 보게 한다.

> Kamgni csonides nac tefon eb ficudflit.
>
> → Making decision can often be difficult(의사결정은 종종 어려울 수 있다.).

2. 자신의 반응과 성공률에 대해 토론해 본다. 학생들이 자신의 파트너를 찾게 한 다음, 다음의 문장을 10초 내에 말이 되도록 완성해 보게 한다.

> Rkwogni gehtoret tamosl yalaws shple.
>
> → Working together almost always helps(함께 작업하는 것은 대개는 도움이 된다.).

3. 반응들을 이야기 나누어 보고, 두 사람이 작업할 때 문제를 해결하는 것이 더 쉬웠는지 아닌지를 토론해 보도록 한다. 사람들이 해결할 문제가 있거나 의사결정할 것이 있을 때 협력은 종종 유익하다는 것을 강조한다.
4. 학생들을 2명씩 짝을 지어 〈백지장도 맞들면 낫다〉 활동지(유인물 13)를 나누어 주고, 짝과 협력하여 반응해 보게 한다.
5. 전체 집단으로 하여금 반응들을 토론하게 한다.

토론

내용에 대한 이해

1. 얼마나 열심히 가능한 해결책을 찾았나요?
2. 만약 혼자 일해 왔다면, 가능한 모든 해결책을 찾을 수 있었을까요?
3. 일단 해결책을 찾았다면, 어떤 것이 가장 최선인지 어떻게 결정할 수 있었나요?

개인에게 적용하기

1. 여러분은 의사결정할 것이 있을 때, 대개 다양한 해결책을 고려하나요?
2. 여러분은 의사결정할 것이 있을 때, 대개 다른 사람을 포함하나요, 아니면 혼자 힘으로 생각해 내려고 애쓰나요? 어떤 방법이 가장 좋을까요?
3. 오늘 의사결정 과정에 적용해 볼 수 있는 것을 배웠나요?

지도자 유의사항

경직된 생각을 하는 사람들처럼 연령이 낮은 청소년들은 종종 다양한 해결책을 찾을 수 없다. 그들을 이러한 의사결정 활동에 끌어들이는 것은 이 분야에서 그들의 역량을 증가시킬 수 있다.

[유인물 13]

〈백지장도 맞들면 낫다〉 활동지

지시사항: 다음의 문제들을 짝과 협력하여 해결해 보세요.

1. 여러분은 숙제하는 데 최소한 3시간이 걸린다. 방과 후 여러분은 축구연습을 하고, 그다음엔 교회 스케이팅 모임이 7시부터 10시까지 있다. 여러분은 어떻게 하면 모든 것을 완수해 낼지 생각해 내려고 애쓰면서 여전히 모임에 가려고 할 것이다. 여러분의 선택은 무엇인가요? 여러분은 무엇을 하게 될까요?

2. 한 친구가 봄방학 동안에 여러분과 놀러 가기를 원한다. 그러나 여러분의 부모님은 여러분과 조부모님 댁에 함께 가기를 원한다. 여러분은 오랫동안 조부모님을 뵙지 못했다. 여러분의 선택은 무엇인가요? 여러분은 무엇을 하게 될까요?

3. 여러분은 친구와 쇼핑을 한다. 여러분은 언젠가 찾아내려고 애써 왔던 정말로 원하는 스웨트 셔츠를 보았다. 문제는 5,000원이 부족한 상태이다. 여러분의 선택은 무엇인가요? 여러분은 무엇을 하게 될까요?

4. 여러분의 밴드 콘서트는 다음 주에 있다. 여러분은 솔로를 맡았는데, 아직 그 파트에 대해 전혀 알지 못하는 상태이다. 여러분의 선택은 무엇인가요? 여러분은 무엇을 하게 될까요?

5. 이모가 여러분에게 전화를 걸어 토요일 밤에 사촌 동생을 봐 달라고 해서 여러분은 그러겠다고 했다. 그날 밤 늦게 한 친구가 전화를 걸어 여러분에게 토요일에 쇼핑하러 가자고 한다. 여러분은 정말 가고 싶다. 여러분의 선택은 무엇인가요? 여러분은 무엇을 하게 될까요?

6. 내일 수학시험이 있다. 시험 대비 복습을 위해서 여러분은 이미 해 놓았어야 할 과제를 아직도 뒤로 한 채 있다. 여러분은 방과 후에 남동생을 도와 전단지를 돌릴 예정이다. 여러분의 선택은 무엇인가요? 여러분은 무엇을 하게 될까요?

7. 여러분 생일에 부모님은 친구 2명을 초대해서 영화를 보고 저녁을 같이 보내거나 친구 5명을 초대해서 볼링을 치러 가라고 하신다. 여러분은 볼링을 치러 가고 싶진 않지만 2명만 초대하면 다른 친구들이 화낼 것 같다는 생각이 들었다. 여러분의 선택은 무엇인가요? 여러분은 무엇을 하게 될까요?

8. 여러분은 내일까지 보고서를 제출해야 한다. 그런데 아직 시작하지 않았을 뿐만 아니라 엄청난 양의 독서 과제가 있다. 친구는 이미 독서 과제를 끝냈다는 것을 알게 되었다. 여러분의 선택은 무엇인가요? 여러분은 무엇을 하게 될까요?

[중학교 1 · 2학년]

인간관계

29. 그들이 해야 할까요, 아니면 하지 말아야 할까요

목표

타인에 대한 합리적인 당위성과 비합리적인 당위성 간의 차이를 구별하는 것을 배운다.

준비물

〈그들이 해야 할까요, 아니면 하지 말아야 할까요〉 진술문, 분류판

진행 절차

1. 학생들에게 다음의 문장을 읽어 주고 반응하게 한다. 강하게 찬성하면 손을 높이 들고, 약간 찬성하면 손을 수평으로 유지하고, 강하게 반대하면 손을 아래로 내리게 한다.

> • 선생님은 성적을 절대로 나쁘게 주어서는 안 된다.
> • 부모님은 아이들이 하고 싶어 하는 것을 하도록 항상 허용해야 한다.
> • 아이들은 힘들고 고통스러운 허드렛일을 해서는 안 된다.
> • 친구라면 무슨 일이든 간에 항상 내 옆에서 나를 지지해 주어야 한다.

2. 앞의 문장의 절대적인 특성에 주의를 집중하면서 자신이 한 반응들을 살펴본다. 과연 아이들은 힘들고 고통스러운 허드렛일을 해서는 안 된다는 것이 사실인가요? 과연 부모는 아이들이 하고 싶어 하는 것을 하도록 항상 허용해야 한다는 것이 합리적인가요?
3. 학생들을 2명씩 짝 지어 〈그들이 해야 할까요, 아니면 하지 말아야 할까요〉 진술문과 분류판을 한 장씩 나누어 준다. 각각의 진술문을 분류판의 분류대로 나누어 본다.

토론

내용에 대한 이해

1. 어떤 종류가 당위성을 가장 많이 가지고 있나요? 합리적, 비합리적, 의존적인 것인가요?
2. 앞의 세 가지 당위성 간의 차이점은 무엇이라고 생각하나요? 다시 말하여, 합리적인 것이나

비합리적인 것으로 만드는 것은 무엇인가요? 합리적인 것과 비합리적인 것을 결정할 때 무엇을 고려해야 할까요?

3. 부모님, 선생님, 친구들과의 관계에서 가장 자주 일어나는 당위성의 종류는 각각 무엇인가요?

개인에게 적용하기

1. 여러분은 타인에 대하여 합리적인 당위성과 비합리적인 당위성 중에서 어느 것을 더 많이 가지고 있다고 생각하나요? 여러분은 어느 집단에서 가장 비합리적인 당위성을 많이 가지고 있나요? 반대로, 가장 합리적인 당위성을 가지고 있는 집단은 어디인가요?
2. 여러분 자신의 당위성이 부모님, 친구들, 선생님과의 인간관계에 어떤 영향을 미친다고 생각하나요?
3. 다른 사람에게 갖는 당위성이 그 이외에도 있나요? 그것은 합리적인가요, 아니면 비합리적인가요? 이야기를 나누어 보세요.
4. 다른 사람들과의 인간관계에 여러분이 배운 것을 어떻게 적용할 수 있을까요?

지도자 유의사항

비합리적인 당위성이 많을수록 인간관계에는 악영향을 미치게 된다. 그러므로 자신이 갖고 있는 요구가 인간관계에서 기대하기에 합리적인가를 생각해 보고, 분류해 내는 일은 매우 중요하다.

〈그들이 해야 할까요, 아니면 하지 말아야 할까요〉 진술문

지시사항: 다음의 문장들을 한 장의 색인 카드 위에 한 문장씩 적으세요.

부모님	선생님	친구들
부모님은 자식들이 원하는 사람이면 누구와도 같이 지내도록 허락해 주어야 한다.	선생님은 성적을 항상 잘 줘야만 한다.	참된 친구라면 자신의 처지가 어렵다 할지라도 나를 위해서 항상 옆에서 지지해 주어야 한다.
부모라면 당연히 자식들에게 음식과 집을 마련해 주어야 한다.	선생님은 공정하려고 노력해야 한다.	참된 친구는 내가 하는 모든 일에 동의해야 한다.
부모님은 자식들의 말을 주의 깊게 들어야 한다.	선생님은 학생들이 사기치는 것을 봐 주어서는 안 된다.	참된 친구는 나를 절대 실망시켜서는 안 된다.
부모님은 자식들이 하고 있는 것에 대해 어떤 질문도 해서는 안 된다.	선생님은 학생들을 항상 자극하고 격려해 주어야 한다.	참된 친구는 내가 하는 대로 믿고 똑같이 생각해야 한다.
부모님이 술을 마시니까 자식들도 술을 마시는 것을 허락해야 한다.	선생님은 학생들에게 욕을 해서는 안 된다.	참된 친구는 나 이외에 다른 친구들과 사귀어서는 안 된다.

분류판

지시사항: 2명씩 짝을 짓고 각 팀에게 분류판을 한 장씩 나누어 주세요.

	합리적	비합리적	의존적
부모님			
선생님			
친구들			

From Thinking, Feeling, Behaving: An Emotional Curriculum for Children (Grades 7-12) (Rev. ed.)

30. 얼마나 성마르게 하는가

목표

인간관계에서 성마르게 하는 상황, 불쾌한 상황, 참을 수 없는 상황 간의 차이를 배운다.

준비물

〈얼마나 성마르게 하는가〉 활동지(유인물 14), 필기도구

진행 절차

1. '성마르게 하는' '불쾌한' '참을 수 없는'의 의미에 대하여 정리한다. 온도계에서 온도의 정도에서 차이가 있듯이, 앞의 세 단어는 그 정도에서 차이가 있다는 점을 강조한다. 즉, 자신을 조금 당황하게 한다면 그것은 성마르게 하는 것이 된다. 그러나 어떤 것이 매우 공격적이라면 그것은 참을 수 없는 것이 된다.
2. 앞의 세 단어에 대한 이해가 인간관계에서는 어떻게 적용이 되는지 다음의 상황을 통하여 토론해 본다.

한 친구가 내일까지 되돌려 줄 테니 스웨터를 빌려 달라고 한다. 하지만 그 친구가 스웨터를 되돌려 주지 않아 난 슬슬 화가 나기 시작했다. 만일 하루, 이틀, 사흘이 지나도 스웨터는 되돌아오지 않고 부모님이 스웨터가 없어진 것을 알고 어디 갔냐고 묻기 시작한다면 난 불쾌해지기 시작할 것이다. 그리고 그 친구가 다른 사람들에게 그 옷을 자기의 것이라고 말하고 다닌다면 난 더 이상 참을 수 없다고 생각하게 될 것이다.

3. 학생들을 세 집단으로 나누고, 〈얼마나 성마르게 하는가〉 활동지(유인물 14)를 각 집단에 한 장씩 나누어 준다. 각 집단에서 한 명을 뽑아 〈얼마나 성마르게 하는가〉 활동지(유인물 14)에 집단원의 반응을 적게 한다. 먼저 집단원은 인간관계에 화가 났던 것(예를 들어, 누군가가 몇 시에 전화하기로 해 놓고 잊어버린 것)을 생각해 본다. (이때 이름은 사용하지 않는다.) 그런 다음에는 불쾌했던 것(예를 들어, 누군가가 자신에게 거짓말을 하라고 종용하는 것)을 생각해 본다. 마지막으로, 참을 수 없었던 것(예를 들어, 친척 중 한 명이 살인죄로 체포되는 것)을 생각해 본다.

4. 집단원이 생각해 낸 상황의 예를 성마르게 한 것, 불쾌한 것, 참을 수 없는 것 순으로 칠판에 적는다. 세 가지 경우 모두를 칠판에 적었으면 내용에 대한 이해와 개인에게 적용하기의 질문들을 이용하여 집단원이 어떻게 반응하는지 이야기 나눈다.

토론

내용에 대한 이해

1. 한 집단에서 나온 세 가지 상황의 예와 다른 집단에서 나온 세 가지 상황의 예가 같았나요? 각 집단에서 말한 세 가지 상황의 예가 다른 것은 무엇 때문이라고 생각하나요? (여러분이 느끼는 불편함의 정도는 어떤 상황에 대하여 여러분이 어떻게 '생각하느냐'에 따라 달라진다.)

개인에게 적용하기

1. 어떤 사례가 성마르게 하는, 불쾌한, 참을 수 없는 세 가지 상황 중에서 어디에 속해야 하는지를 여러분은 어떻게 결정했나요? 달리 말하여, 무엇이 화가 나는 것과 참을 수 없는 것을 구분해 주나요? (옳고 그름에 대하여, 무엇이 중요한가에 대하여, 누가 중요한지 등에 대하여 여러분이 가지고 있는 신념의 영향력을 지적함으로써 학생들로 하여금 이러한 생각을 분명하게 하도록 돕는다.)
2. 불편함에 대한 이러한 정도의 차이는 인간관계에 얼마나 영향을 미치나요? 화가 나거나, 불쾌하거나, 참을 수 없는 상황이 되었을 때, 여러분이 느끼는 감정이나 나타나는 행동이 있나요?

지도자 유의사항

상황을 성마르게 하는, 불쾌한, 참을 수 없는 것으로 구분하는 데 있어 학생들은 다양한 반응을 보이게 될 것이다. 이런 차이를 보게 하고, 이런 차이는 자신이 갖고 있는 신념과 가치가 다르기 때문에 나타나는 것임을 강조한다. 학생들에게 오늘 사용한 유인물을 다음 시간에 가져오게 한다.

[유인물 14]

〈얼마나 성마르게 하는가〉 활동지

지시사항: 인간관계에서의 문제들을 집단원끼리 브레인스토밍(아이디어 쏟아 놓기)하여 다음과 같이 분류해 보세요.

성마르게 하는	불쾌한	참을 수 없는

From Thinking, Feeling, Behaving: An Emotional Curriculum for Children (Grades 7-12) (Rev. ed.)

31. 갈등과 신념과의 관계

목표

인간관계에서의 갈등과 비합리적인 신념 간의 관계를 알고, 인간관계를 개선하기 위하여 비합리적인 신념에 도전하는 방법을 배운다.

준비물

〈얼마나 성마르게 하는가〉 활동지(유인물 14), 종이, 필기도구

진행 절차

1. 중학교 1 · 2학년을 위한 인간관계: 활동 2(얼마나 성마르게 하는가)의 토론 부분을 다시 검토하고, 인간관계에서 어느 것이 화가 나고 불쾌하며 참을 수 없는가에 대한 결정은 신념에 의해서 이루어진다는 점을 강조한다. 예를 들어, 놀러 가자고 요구하는 사람이 특히 마음에 들지 않으면 성마르게 할 것이다. 그 사람이 전혀 마음에 들지 않으면 불쾌해질 것이다. 그 사람의 평판이 좋지 않거나 그 사람과 과거에 부정적인 경험이 있다든가 하면 참을 수 없게 될 것이다. 핵심은 그 사람이나 그 사람과 관련된 상황에 대하여 자신이 갖는 신념이 문제인 것이다.
2. 〈얼마나 성마르게 하는가〉 활동지(유인물 14)의 결과에서 몇 개의 사례들을 뽑아 상황을 화가 나고 불쾌하며 참을 수 없는 것으로 분류하게끔 만든 신념들을 끄집어 낸다. 그러한 생각을 토론할 때 다음의 예를 이용한다.

> 이번 주에 생일파티가 있는데 난 초대 받지 못했다. 내가 생일파티를 특별히 좋아하지 않는다거나, 그곳에 가는 사람에 대하여 관심이 없다든가, 해야 할 다른 일이 있었다면 난 화가 났을 것이다. 그런데 자신이 반드시 초대 받았어야 한다고 생각한다거나, 초대를 못 받은 것으로 보아 날 좋아하는 사람이 아무도 없다고 믿어 버린다든가, 생일파티에 가지 못해서 괴로운 시간을 보내게 될 것이라고 생각한다면 난 불쾌해질 것이다. 이제 자신은 그 어떤 생일파티에도 결코 초대 받지 못하게 될 것이라고 생각하면 참을 수 없게 될 것이다.

3. 신념이 바뀌기 시작할 때 사람들 사이에 무슨 일이 일어나는가를 토론해 본다. 대개 단순히

화가 나는 상황인 경우에는 인간관계에 별로 큰 타격을 받지 않지만, 다른 상황인 경우에는 그 타격이 크다. 예를 들어, 누군가 자신이 기대하는 시간에 전화를 해 주지 않은 것을 참을 수 없고 절대로 이해할 수 없는 것으로 여긴다면 나는 아마도 분노가 치밀어 올라서 그 사람과의 관계에서 어떤 식으로든지 영향을 미치게 될 것이다.

4. 학생들에게 최근에 다른 사람과의 관계에서 갈등이 있었던 예를 생각해 보고, 그때의 상황을 종이에 간단히 적어 보게 한다.
5. 갈등이 있는 사람이나 상황에 대하여 자신이 가지고 있는 신념들을 충분히 생각해 보고, 도전하는 것에 대하여 의미를 설명한다. 예를 들어, 내가 기대하는 시간에 누군가 전화를 하지 않으면 그 사람이 나에게 관심이 없어서가 아니라 무슨 일이 생겼나 보다라고 생각하는 것이다. '전화가 오지 않은 것이 정말로 세상이 끝장난 것이라도 되는가?' '흥분하는 것이 정말로 가치가 있는 일인가?' 하고 상황을 명확하게 하기 위해서 스스로에게 질문을 해 보도록 권장한다. 학생들에게 다른 상황의 예를 들어 각 상황에 대하여 도전해 보게 한다.

토론

내용에 대한 이해

1. 신념과 불편함의 정도(성마르게 하는, 불쾌한, 참을 수 없는) 간의 관계는 무엇인가요?
2. 신념에 따라서 인간관계에 나타나는 것은 무엇일까요?
3. 신념의 도전은 인간관계에 어떤 영향을 미치나요?

개인에게 적용하기

1. 여러분의 신념에 따라 여러분의 인간관계는 어떤 영향을 받아 왔나요?
2. 여러분의 신념을 바꾸려고 해 본 적이 있나요? 또는 다시 생각해 본 적이 있나요? 이런 작업이 불편함의 정도를 변화시켰나요?

지도자 유의사항

비합리적인 신념에 도전하면 할수록 인간관계에서 가질 수 있는 좀 더 강한 감정들 대신에 약간 화가 나고 마는 정도로 느끼게 되는 경우가 많아질 것이다. 왜냐하면 생각은 인간관계에서의 긍정적 또는 부정적 감정의 정도에 영향을 미치기 때문에 도전의 기술은 매우 중요하다. 갈등 뒤에 숨어 있는 생각이 해결되지 않는 한 그 갈등은 해결되지 않을 것이다.

32. 인정과 결과

목표

사회적인 인정을 얻기 위해서 어떤 일을 할 때 얻어지는 이득과 손실을 배운다.

준비물

〈인정과 결과〉 활동지(유인물 15), 사람들이 술 마시는 장면, 키스하는 장면, 싸우는 장면, 담배 피는 장면 같은 사진들, 필기도구

진행 절차

1. 준비한 사진들을 학생들에게 보여 주면서 학생들이 보고 있는 장면들에서 무슨 일이 벌어지고 있는 것인지를 말해 보게 한다. 사람들은 때로는 하고 싶어서 그런 일을 하기도 하지만, 때로는 다른 사람들로부터 인정과 지지를 받고 싶어 하기 때문에 그런 일을 하기도 한다는 점을 말해 준다. 학생들에게 2명씩 짝을 지어 다른 사람들의 인정을 받기 위해서 하는 일들의 예(약물 복용, 유행하는 다이어트나 패션에 따르기)를 들어보게 한다. 칠판에 학생들이 말한 실례들을 적는다.
2. 자기 자신에게 적합하기 때문에 어떤 일을 하는 것과 적합하진 않지만 많은 사람이 그렇게 하고 있고, 다른 사람들의 인정을 받고 싶어 하기 때문에 어떤 일을 하는 것과의 차이점을 토론해 본다. 다음의 예를 보고, 친구들의 인정을 받으려고 어떤 일을 했을 때 나타나는 결과에 대해서 토론해 본다.

> 진수는 모범생이다. 그런데 친구들은 진수가 숙제를 꼬박꼬박 해 오고 똑똑하게 구는 것을 한심한 공부벌레 같다고 생각한다. 그래서 진수는 공부를 하지 않게 되었고, 마침내 성적도 형편없이 나빠지게 되었다. 진수는 친구들에게 맞추려 한다.

3. 학생들을 2명씩 짝 지어 〈인정과 결과〉 활동지(유인물 15)를 한 장씩 나누어 준다. 그런 다음 학생들로 하여금 각 문제에 반응해 보게 한다. (학생들은 이 유인물을 다음 시간에도 쓸 수 있도록 잘 보관한다.)

4. 자신들이 한 반응들에 대하여 토론해 본다.

토론

내용에 대한 이해

1. 어떤 일을 할지 또는 하지 않을지를 결정할 때, 고려되어야 할 결과는 무엇인가요?
2. 많은 사람과는 반대되지만 자신에게는 적합하다고 생각하는 것을 한다면, 무슨 일이 벌어질까요?

개인에게 적용하기

1. 여러분은 이런 유형의 갈등이 생길 때 무엇을 할지 결정하는 데 있어서 어떤 과정을 겪게 되나요?
2. 많은 사람과는 맞추어졌지만 여러분에게 적합하다고 생각하는 것을 하지 못한다면, 여러분의 감정은 어떨까요?
3. 친구들의 인정과 관련된 미래의 갈등 상황들에 적용할 수 있는 이 활동으로부터 여러분은 어떤 것을 배웠나요?

지도자 유의사항

많은 경우에 친구들의 인정을 받고자 젊은 사람들은 자신이 한 행동의 결과를 주의 깊게 평가해 보지 않는다. 음주, 약물 복용, 혼전 성교 등과 같은 것으로 심각한 결과들이 발생되기 때문에 학생들이 친구들의 압력에 그저 따름으로써 나타나는 결과를 주시하는 것은 절대적으로 필요하다. 학생들에게 오늘 사용한 유인물을 다음 시간에 가져오게 한다.

[유인물 15]

〈인정과 결과〉 활동지

지시사항: 다음의 상황을 읽고, 친구들의 압력에 따름으로써 또는 따르지 않음으로써 발생되는 결과를 적어 보세요.

1. 철민이와 진형이는 영화를 보러 갔다. 극장 옆에 비디오 가게가 있었다. 영화가 시작되기 전에 시간이 좀 남아 그들은 비디오 가게에 들어갔다. 그곳에서 학교 친구들을 만나게 되었는데, 그 친구들이 맥주 마시러 가자고 한다. 철민이와 진형이가 맥주를 마시러 가면 무슨 일이 벌어질까요? 철민이와 진형이가 맥주를 마시러 가지 않으면 무슨 일이 벌어질까요?

2. 지희와 태수는 사귄지 한 달 정도 되어 간다. 태수가 지희에게 전화를 걸어 오늘 밤 태수의 부모님이 안 계시니 집에 놀러 오라고 한다. 지희보다 나이가 많은 태수는 지희에게 함께 시간을 보내는 것에 대하여 그렇게 걱정하지 말라고 한다. 지희는 태수를 정말 좋아하지만 어떻게 해야 할지 결정을 내릴 수가 없다. 지희가 태수네 집에 간다면 무슨 일이 벌어질까요? 지희가 태수네 집에 가지 않는다면 무슨 일이 벌어질까요?

3. 은희와 정민이는 꽤 오랫동안 친한 사이였다. 그런데 최근에 은희가 다른 친구들과 어울려 지내면서 정민이에게 전화를 하지 않게 되었다. 그런데 은희가 정민이에게 전화를 걸어 생일파티에 오라고 하였다. 정민이는 생일파티에 가서 그곳에서 많은 아이가 담배를 피우는 것을 보게 되었다. 은희는 정민이에게 아무런 해가 없으니 담배를 피워 보라며 권한다. 정민이가 담배를 피우면 무슨 일이 벌어질까요? 정민이가 담배를 피우지 않으면 무슨 일이 벌어질까요?

4. 윤정이는 공부를 잘 한다. 그렇지만 그녀는 친구들이 자신을 멍텅구리 또는 책벌레라고 부르는 것을 싫어한다. 그녀는 몸집이 작은 것 때문에 병원에 가고 싶어 한다. 친구들이 그녀에게 무엇을 하자고 했을 때 그녀가 공부한다고 하면 친구들에게 놀림을 받았다. 윤정이는 친구를 잃을 것 같은 생각이 든다. 윤정이가 공부를 계속 한다면 무슨 일이 벌어질까요? 윤정이가 공부를 계속 하지 않는다면 무슨 일이 벌어질까요?

5. 각자 자기 자신의 경우의 예를 생각해 본다.

33. 자기 자신을 옹호하기

목표

친구들의 압력에 반응할 때 주장하는 훈련을 배운다.

준비물

〈인정과 결과〉 활동지(유인물 15)

진행 절차

1. 중학교 1 · 2학년을 위한 인간관계: 활동 4(인정과 결과)에서 학생들이 반응한 결과 중 몇 개만 토론해 본다. 친구들의 압력을 다루는 방법으로서 비주장적 행동과 주장적 행동의 의미를 설명해 준다. 비주장적이라는 것은 자신이 불편함을 느끼고, 또 그 결과가 심각하리라는 것을 알면서도 친구들의 제안에 따르는 것을 말한다. 주장적이라는 것은 자기 자신에게 최선이 되는 것이 무엇인지를 깨닫고, 또 자신이 믿는 바를 스스로 지지하면서도 불쾌하지 않은 태도를 취하는 것이다.
2. 〈인정과 결과〉 활동지에서 제시한 보기 중 하나를 골라 그 상황에서의 친구 역할을 할 지원자를 한 명 뽑는다. 그런 다음, 비주장적인 반응과 주장적인 반응을 말해 보게 한다.

> 예: 철민이와 진형이는 영화를 보러 갔다. 극장 옆에 비디오 가게가 있었다. 영화가 시작하려면 아직 몇 분 있어야 하므로 그동안 비디오 가게에 들어갔다. 거기에서 철민이와 진형이는 학교 친구들을 만나서 함께 맥주를 마셔야 하는 상황에 처하게 되었다.
>
> 비주장적인 반응: 철민이와 진형이는 정말 가고 싶지 않았지만 "안 가!"라고 말하는 것이 두려워서 그냥 따라가서 맥주를 마신다.
>
> 주장적인 반응: 철민이와 진형이는 맥주를 마시고 싶지 않다고 말하고는 걸어 나온다.

3. 학생들을 다섯 집단으로 나누고 인간관계: 활동 4(인정과 결과)에서 제시한 나머지 보기들을 역할 연기해 보게 한다. 내용에 대한 이해와 개인에게 적용하기의 질문들을 이용하여 토론해 보고, 그 결과를 이야기 나누어 본다.

토론

내용에 대한 이해

1. 여러분이 느낀 주장적 행동과 비주장적 행동 간의 차이점은 무엇인가요?
2. 주장적으로 되는 것이 다른 사람들에 비하여 더 힘들었던 상황이 있었나요?

개인에게 적용하기

1. 여러분은 다른 사람들과의 인간관계에서 주장적이거나 비주장적이었던 때가 있었나요?
2. 어떤 유형의 행동이 여러분에게 가장 유익한가요? 어떤 유형의 행동이 여러분의 최대 관심인 것을 하게 해 줄까요?

지도자 유의사항

주장적인 행동을 가르치는 데 유용한 자료들이 많이 있다. 자기 주장 훈련 또는 자기 표현 훈련에 관해 시중에 나와 있는 자료를 참고로 한다.

34. 다른 사람들을 받아들이기

목표

자신의 생각에 다른 사람이 어떤 모습의 사람이 되어야 한다라기 보다는 다른 사람이 있는 그대로의 모습으로 존재하기 때문에 그 사람을 받아들이는 것을 배운다.

준비물

종이, 필기도구

진행 절차

1. 학생들에게 다음의 시나리오를 읽어 보게 한다.

> 경희는 가장 친한 친구가 자신의 머리를 만지작거리며 귀찮게 구는 것이 당황스럽다. 또 그 친구는 늘 늦는다. "10분이면 도착할 거야."라고 말해 놓고는 항상 늦게 온다. 경희는 그 친구가 방을 더럽게 쓰는 것을 정말 싫어한다. 그러다 보니 그 친구는 뭐가 어디 있는지를 만날 몰라 경희에게 늘 빌린다. 대체로 경희는 그 친구의 그런 성격 때문에 스스로 괴로움을 당하지 않도록 노력한다. 그러나 그 친구가 자기처럼 될 수 없다는 점이 괴롭다.

2. 앞의 이야기에 대하여 토론해 본다.

> - "경희는 이런 점에 당황할 권리가 있나요?"
> - "경희는 이런 점에 대하여 어떤 것을 할 수 있나요?"
> - "이런 점들에 당황해 할 가치가 있나요?"

3. 학생들에게 누군가 자신을 괴롭히는 행동을 한다고 생각해 보게 한다. 그 사람이 하는 행동을 종이에 적어 본다.
4. 학생들에게 인간관계에서 괴로웠던 것들에 대하여 말해 보게 한다.

토론

내용에 대한 이해

1. 인간관계에서 자신을 괴롭히는 것이 흥분할 만큼 그렇게 중요하게 의미가 있는 것이라고 생각하나요?
2. 이런 것을 변화시키기 위해서 어떤 것을 할 수 있다고 생각하나요? 변화시키려고 애써야만 하는 것이 있나요? 어떤 것이 변화시킬 만한 가치가 있는지를 결정할 때 어떻게 하나요?
3. 자신이 원하는 대로 다른 사람들이 늘 행동하기를 바라는 것이 과연 합리적이라고 생각하나요? 합리적이지 않다면, 다른 사람들과 좀 더 잘 어울리기 위하여 무엇을 할 필요가 있을까요?

개인에게 적용하기

1. 여러분은 인간관계에서 다른 사람에게 어떻게 행동하라고 말할 권리를 얼마나 가지고 있다고 생각하나요?
2. 만약 여러분이 앞의 시나리오 상황에 처했다면, 여러분은 정확히 어떤 점에 괴롭힘을 당할 권리가 있다거나 또는 없다라고 생각했나요?

지도자 유의사항

우리는 쉽게 다른 사람이 행한 작은 일로 자신을 괴롭히게 된다. 우리가 다른 사람 자체를 변화시킬 수 없고, 다른 사람에 대한 자신의 반응만을 변화시킬 수 있음을 강조한다. 우리는 그러한 반응에서 선택권을 가지고 있기 때문에 속상할 만한 이유가 있는 것이 무엇인지를 학생들이 결정하도록 도와주는 것은 좋은 일이다.

35. 파벌

목표

파벌의 긍정적이고 부정적인 특징들을 배운다.

준비물

전지, 마커펜

진행 절차

1. 몇 명의 학생에게 '파벌(좀 더 큰 집단 내에 종종 있는 소수의 매우 선택적이고 배타적인 집단, 속물근성의)'이라는 단어의 사전적 의미를 알려 주기 전에 그 단어의 의미를 생각해 보도록 한다. 학생들이 이러한 의미에 동의하는지 아닌지, 그리고 어떻게 그것을 수정할 수 있는지를 토론한 후, 학생들이 4명씩 한 집단이 되도록 한다. 전지 한 장과 마커펜 한 개를 각 집단에 나누어 준다.
2. 각 집단에게 전지를 반으로 나누어 반쪽은 '긍정적인 것들'로, 다른 반쪽은 '부정적인 것들'로 분류하게 한다. 학생들이 리스트를 조직화할 수 있도록 충분한 시간을 준다.
3. 각 집단의 리스트를 게시하게 한다. 학생들이 공유할 때 리스트 간의 유사점을 보여 준다.
4. 학생들을 반으로 나눈다. 한쪽 편은 파벌에 찬성하도록 해 보고, 다른 편은 반대하게 해 본다. 각 집단이 자신들의 입장을 정리할 수 있도록 만남의 시간을 몇 분 준다.
5. 4번의 각 집단의 학생들을 반으로 나눈 다음 의자를 원 모양으로 둥그렇게 놓고 앉도록 한다. 나머지 학생들은 이미 만들어진 원을 둘러싸면서 또 다른 원을 만들어 앉게 한다. 이때 내부 원 안에 빈 의자 하나를 남겨 둔다. 바깥쪽 원에 있는 학생들 중에서 두 명을 뽑아 문지기를 맡긴다. 그들의 역할은 만약 학생들이 맥락을 벗어나면 토론이 다시 진행되게끔 하는 것과 학생들이 말하고 있는 사람들을 존중하도록 환기시켜 주는 것이다.
6. 학생들에게 파벌에 대한 각자의 의견을 논쟁하지 말고 정중하게 토론해 보게 한다. 바깥쪽 원에 있는 학생이 토론되는 것에 반응하거나 새로운 관점을 제안하기 위해 언제든 안쪽 원의 빈 의자에 앉을 수 있다는 것을 학생들에게 알려 준다. 학생들의 관점이 교환되도록 충분

한 시간을 준 후, 내용에 대한 이해와 개인에게 적용하기의 질문들을 이용하여 토론해 본다.

토론

내용에 대한 이해

1. 파벌이 기본적으로 긍정적이라고 생각하나요, 아니면 부정적이라고 생각하나요?
2. 이 활동을 통해 여러분은 파벌에 대해서 무엇을 배웠나요?

개인에게 적용하기

1. 여러분은 파벌의 한 일원이 되어 본 경험이 있나요? 만약 그렇다면, 당신에게 그것은 무엇과 같았나요?
2. 여러분은 파벌의 한 일원이 되고 싶다고 생각하나요, 아니면 되고 싶지 않다고 생각하나요? 이야기를 나누어 보세요.
3. 만약 여러분이 다른 사람들을 나쁘게 대했던 파벌의 일원인 적이 있다면, 여러분은 그것에 대해 어떻게 느꼈을까요? 여러분의 행동에 대해 회상해 볼 때, 변화하고 싶은 것이 있나요?

지도자 유의사항

소속감이 매우 중요한 시기인 청소년의 발달단계에서 파벌은 욕구불만과 불행의 중요한 원인이 될 수 있다. 따라서 파벌의 긍정적이고 부정적인 측면들을 학생들로 하여금 평가해 보도록 하는 것은 자신의 인간관계에 대해 보다 나은 의사결정을 하도록 도울 것이다.

Rational Emotive

Behavior Therapy

중·고등학생용 REBT를 활용한 정서교육 프로그램 2 PART 02

중학교 3학년·
고등학교 1학년

Rational Emotive Behavior Therapy

[중학교 3학년 · 고등학교 1학년]

자기수용

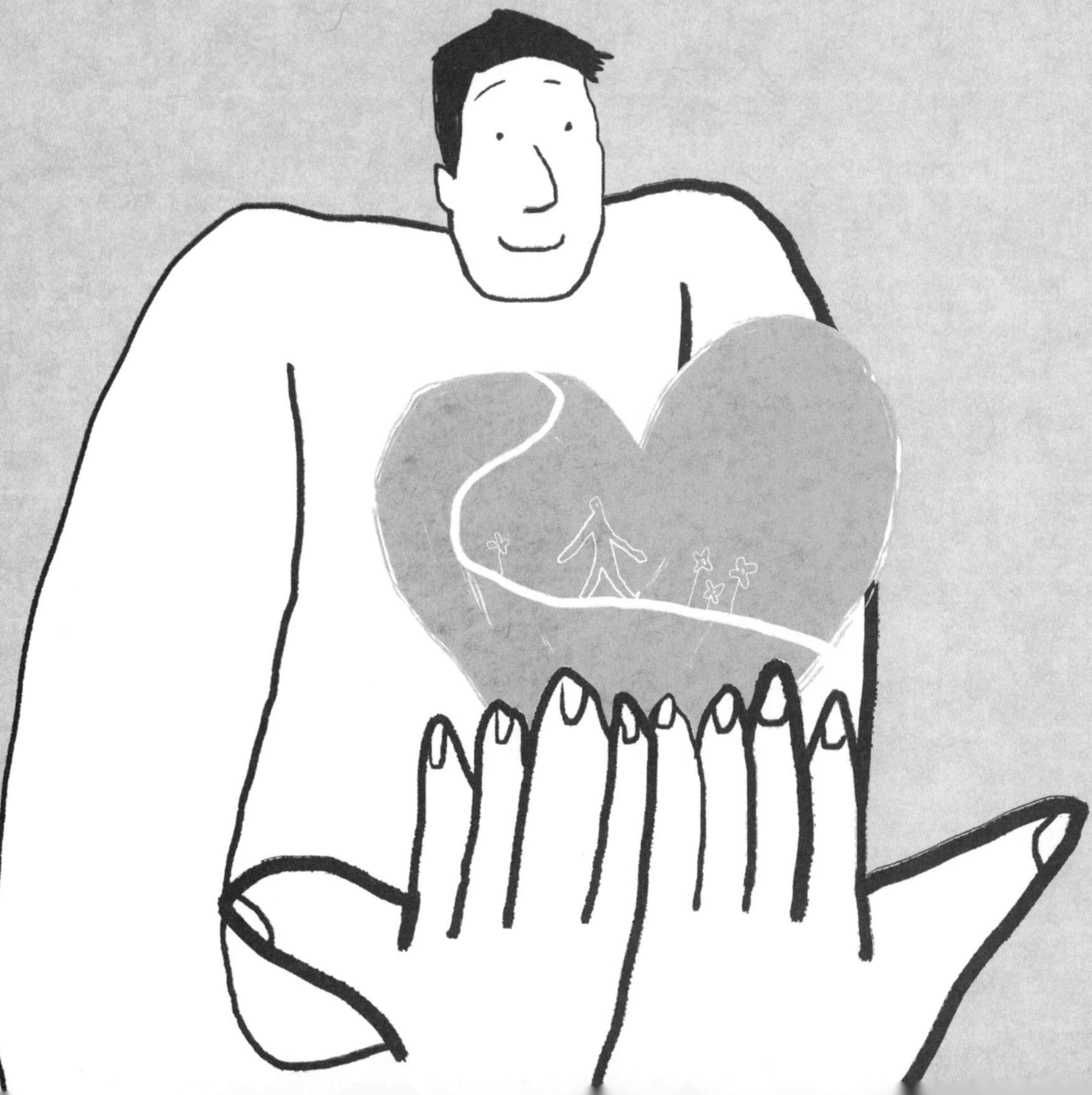

36. 기록 삭제하기

목표

과거 행동이 현재 자기 개념에 영향을 줄 필요가 없음을 배운다.

준비물

종이, 필기도구

진행 절차

1. 과거에 부끄럽게 행동했던 것이 현재에 어떤 영향을 주고 있는지 이야기 나누어 보게 한다. 자신이 부끄럽게 느꼈던 아동기, 청소년기 혹은 성인기의 행동을 예로 들게 한다.
2. 비밀보장을 강조하면서 학생들에게 자신의 삶에서 부끄럽게 생각하는 하나 이상의 상황을 종이에 적게 한다. 우리 모두가 이런 상황을 경험하지만 다른 사람과 반드시 같은 것은 아니라는 점을 강조한다.
3. 학생들에게 약물이나 범법 행위와 관련된 적이 있어 부끄러움을 당했던 사람(예를 들어, 연예인, 운동선수)을 알고 있는지 물어본다. 그러한 행동이 그 사람의 삶에 어떤 영향을 미쳤는지 토론하게 한다. 그들이 그 문제를 극복하고 원래의 삶으로 돌아왔는가, 아니면 그런 상태 그대로 남아 있는가?

토론

내용에 대한 이해

1. 여러분은 과거에 한 행동에 대해 영원히 부끄러워 해야 한다고 생각하나요?
2. 부끄러운 감정에 매달려 있는 것이 어떤 점에서 좋은가요?
3. 여러분이 상당히 나쁜 경험을 했을 때조차도 자신의 생활로 되돌아갈 수 있다고 생각하나요?

개인에게 적용하기

1. 부끄럽게 느끼는 과거 행동의 영향을 없애기 위해 여러분이 했던 일이나 할 수 있는 일은 무엇인가요?
2. 만약 과거에 부끄러운 경험을 했다면, 자신에 대해 뭐라고 말하고 있나요?

지도자 유의사항

학생들에게 자신의 과거가 현재에 영향을 줄 수 없다는 것을 깨닫게 하는 것이 중요하다. 만약 학생들이 과거에 부끄럽게 생각하는 행동을 했다면, 그 경험으로부터 배우면서 살아갈 수 있다. 그들은 그 경험으로부터 배울 수 있고 잘 살아갈 수 있다. 사람은 누구나 실수를 하며, 하고 있는 행동이 그들 자신이 누구인가를 말해 주는 것이 아니라는 점을 강조한다.

37. 나에게 중요한 것은 무엇인가

목표

개인적 가치를 분명히 하는 것을 배운다.

준비물

종이, 필기도구

진행 절차

1. 학생들에게 자신이 가치 있게 여기는 것을 이야기해 보게 한다. 가치는 자유롭게 선택되는 것이고(다른 사람이 여러분 자신을 가치 있게 만드는 것이 아니다.), 소중히 여기는 것이고(여러분은 자신이 가치를 소유하는 것에 자부심을 느낄 것이다.), 그리고 그에 따라 행동하는 것이다(자신의 행동은 자신이 가치 있다고 말하는 것과 일치할 것이다.). 예를 들어, 어떤 사람이 자유를 중요시 생각한다면 그/그녀는 박해 받는 사람들의 자유를 위한 행진에 참여할 것이고, 그것이 또한 옳다고 느낄 것이다.
2. 학생들에게 자신이 가치 있다고 여기는 것을 5~10가지 정도 적어 보게 한다. 그것들은 신념, 소유물, 행동 등이 포함될 수 있다.
3. 학생들에게 자신이 자유롭게 선택한 각 가치 목록 옆에 C(자유롭게 선택함)라고 적게 한다. 만약 그 가치를 소중히 여긴다면 그 옆에는 P(소중히 여김)라고 적게 한다. 만약 행동하는 데 기반이 되는 가치라면 그 옆에 A(행동에 기반이 됨)라고 적게 한다. (그 가치에 근거하여 행동하는 것은 행진이나 돈을 기부하는 것 같은 직접적인 행동을 의미할 수도 있고, 이것이 가치 있는 것이라고 말하거나 그런 사실을 소유하는 것을 의미할 수도 있다.)

토론

내용에 대한 이해

1. 자신의 목록이 세 가지 준거, 즉 C(자유롭게 선택함), P(소중히 여김), A(행동에 기반이 됨)를 포함하고 있나요?
2. 여러분이 가치 있다고 여기는 것들을 생각하기가 어려웠나요?

개인에게 적용하기

1. 이번 활동을 통해 여러분의 가치에 대해 무엇을 배웠나요?
2. 만약 여러분이 자신의 가치에 따라 행동하지 않는다는 것을 알았다면, 여러분은 무엇을 할 수 있을까요?
3. 만약 여러분이 다른 사람들이 하고 있는 것을 가치 있게 여기지 않는다면 어떤 일이 일어날까요? 만약 여러분이 그 가치를 소중히 여기기 어렵다고 할지라도, 여러분의 마음을 바꾸어야만 할까요?
4. 과거 몇 년 동안 여러분의 가치가 바뀌었나요? 바뀌었다면, 어떻게 바뀌었나요? 계속해서 바뀔 것 같나요?

지도자 유의사항

학생들에게 자신이 믿고 있다고 말하는 것과 일치된 방식으로 행동하고 있는 것에 대하여 생각할 수 있도록 돕는다. 또한 자신이 가치 있다고 여기는 것과 다른 사람들이 가치 있다고 여기는 것이 다를 수 있고, 그 다른 것을 이해할 수 있음을 알게 한다. 그리고 만약 우리가 어떤 것을 하는 것에 대해서 옳지 않다고 느낀다면, 그것은 자신이 가치 있게 여기는 것이 아니라는 것을 깨닫게 한다.

38. 비판

목표

사람이 무엇을 하고 있는가에 대한 비판과 그 사람이 누구인가에 대한 비판 간의 차이를 구별하는 것을 배운다.

준비물

종이, 필기도구

진행 절차

1. 비판(실수를 찾아내거나, 비난하거나, 신랄한 판단을 하는 행동)이 의미하는 것을 학생들이 자발적으로 정의하도록 하는 활동을 하게 한다.
2. 학생들에게 자신이 비판 받았을 때를 적어 보게 한다. 그리고 다음 질문에 따라 대답해 보게 한다.

- "어떤 일이 있는 상황이었나요?"
- "어디에서 그 상황이 발생했나요?"
- "언제 그 상황이 일어났나요?"
- "누가 관련되어 있었나요?"
- "여러분은 그 상황에서 어떻게 느꼈나요?"

3. 학생들을 3명씩 한 집단으로 나누고, 자신의 사례를 이야기 나누도록 한다.

토론

내용에 대한 이해

1. 무엇이 여러분이 비판받았을 때의 상황을 기억나게 한 것 같나요?
2. 여러분과 비슷한 상황을 경험한 친구가 있었나요?

3. 여러분과 같은 집단에 속한 사람들이 일반적으로 비판을 받았을 때 어떻게 느꼈나요?

개인에게 적용하기

1. 여러분이 누군가로부터 비판 받았다면, 여러분이 좋은 사람이 아니라는 것을 의미하나요? 잘못한 것이 있었다는 것을 의미하나요? 그것은 무엇을 의미하나요?
2. 여러분이 비판 받은 것은 무엇 때문인 것 같나요? 그때 여러분은 어떤 느낌이었나요? 여러분 자신에게 무슨 말을 하고 싶나요? 이야기를 나누어 보세요.
3. 때때로 비판 받는 것이 자연스러운 것이라고 생각하나요?

지도자 유의사항

비판은 자연스러운 것이며, 피할 수 없는 것이지만 사람의 본질적인 가치를 말하는 것이 아니라는 점을 강조한다.

39. 당신은 훌륭해

목표

칭찬을 수용하는 것에 대해서 배운다.

준비물

없음

진행 절차

1. 지원한 학생에게 칭찬(감탄하거나 찬미하는 말)의 의미에 대하여 정의하게 한다. 학생들에게 자신이 받았던 칭찬의 예를 생각하여 발표하게 하고, 그 내용을 칠판에 적게 한다.
2. 학생들에게 그런 칭찬을 들었을 때 어떻게 느꼈는지(예를 들어, 행복감, 어색함) 말해 보게 한다. 그들이 다른 사람을 칭찬했을 때 어떻게 느끼고 행동했는지 물어본다.
3. 학생들을 2명씩 짝을 짓게 한다. 한 학생이 짝에게 원래 해 주고 싶었던 칭찬이나 이미 사례에서 나왔던 칭찬을 해 준다. 짝은 칭찬을 받고 어떻게 느꼈는지 이야기한다. 서로 역할을 바꾸어 이 과정을 진행한다.

토론

내용에 대한 이해

1. 칭찬을 받았을 때 느낌이 어땠나요? 실제 칭찬을 받았던 때와 역할 연기 상황이 어떻게 다른가요?

개인에게 적용하기

1. 여러분은 언제 칭찬을 받았으며, 그때의 자신에 대해 말하는 것을 어떻게 생각하나요?
2. 만약 칭찬을 받는 것이 편안하지 않다면, 여러분은 무엇을 할 수 있나요?
3. 여러분은 칭찬을 많이 해 주는 사람인가요? 동성이나 이성 친구에게 자주 칭찬해 주나요?

여러분은 칭찬을 할 때 어떻게 느끼나요?

지도자 유의사항

학생들이 미안함이나 어색함 없이 칭찬을 받아드릴 수 있도록 돕는 것이 더 높은 자기 수용을 발달시킨다.

40. 성공하는 것/실패하는 것

목표

어떤 일에서 성공하는 것과 실패하는 것, 인간으로서 성공하는 것과 실패하는 것을 구분하는 것을 배운다.

준비물

종이, 필기도구

진행 절차

1. 학생들을 5~6명씩 한 집단으로 나누고, 칠판에 성공이라는 단어를 적는다. 학생들로 하여금 성공이라는 것이 그들에게 무엇을 의미하는지 10분 정도 이야기 나누게 한다. 이때 각 집단마다 학생 한 명에게 자기 집단에서 나누는 내용을 종이에 받아 적게 한다.
2. 내용을 받아 적은 학생에게 자기 집단에서 정의한 성공의 내용을 요약하도록 한다. 그리고 그것을 칠판에 적게 한다.
3. 이번에는 칠판에 실패라는 단어를 적고, 학생들에게 실패가 무엇을 의미하는지 토론하게 한다. 적고 있었던 학생이 집단에서 나누는 실패의 내용도 받아 적고, 발표하고 칠판에 적게 한다.
4. 각 집단에서 토론한 성공과 실패의 의미를 칠판에 적는다.

토론

내용에 대한 이해

1. 집단 간 정의가 얼마나 유사하거나 다른가요?
2. 왜 사람마다 성공과 실패의 정의가 다르다고 생각하나요?

개인에게 적용하기

1. 여러분은 어떤 일에서의 성공이나 실패가 인간으로서의 성공이나 실패라고 생각하나요?
2. 성공이나 실패가 여러분에게 무엇을 의미하나요?

지도자 유의사항

인간으로서의 성공과 실패와 어떤 일에서의 성공과 실패를 구분하는 것은 매우 중요하다. 학생들이 성공이나 실패의 정의가 일반적인 정의에 의해서가 아니라 개인적인 지각에 의해 달라진다는 것을 이해하는 것은 필수적이다.

41. 성공의 기회를 증가시켜라

목표

실패를 극복하기 위한 목표를 설정하는 기술을 배운다.

준비물

종이, 필기도구

진행 절차

1. 어떤 일에서의 성공이나 실패가 인간으로서의 성공이나 실패가 아님을 강조하면서, 중학교 3학년 · 고등학교 1학년을 위한 자기수용: 활동 5(성공하는 것/실패하는 것)에서 제시한 목표를 검토한다. 성공과 실패를 통제했던(개인적으로나, 환경적으로나) 학생들이 있는지 물어보고, 통제라는 주제를 설명하기 위한 생각들을 이야기 나누게 한다.
2. 학생들에게 달리기에서 그들이 원하는 만큼 빨리 뛰지 못했다거나, 좋아하는 사람과 데이트하지 못했다거나, 좋아하는 과목을 잘하지 못했던 것과 같은 성공적이지 못했던 상황을 생각해 보게 한다.
3. 실패를 극복하기 위한 목표 세우기 개념을 소개한다. 유용한 목표는 구체적이고, 행동적이며, 현실적이어야만 한다는 것을 강조한다. 예를 들어, 만약 자신이 수영을 전혀 못한다면 2월에 있을 수영선수권대회를 자신의 현실적인 목표로 세워서는 안 된다. 그것보다는 레크리에이션 센터에 전화를 해서 언제 수영강습이 있는지를 확인하고, 언제부터 참가할 것인지를 결정하는 것이 현실적인 목표가 될 것이다.
4. 학생들에게 진행 절차 2번에서 생각해 낸 상황에 대한 유용한 목표를 종이에 적어 보게 한다.

토론

내용에 대한 이해

1. 여러분이 성공하기를 원하는 것에 대한 목표를 정하는 것이 얼마나 어려웠나요?

(학생들이 원한다면, 전체 집단 또는 소집단에서 사례들을 이야기 나눌 수 있다.)

2. 단지 과거에 어떤 일에서 성공하지 못했다는 것이 미래에도 성공하지 못한다는 것을 의미하나요?
3. 많은 목표를 세웠다 할지라도, 여러분은 여전히 성공할 수 없을지도 모른다고 생각하나요?

개인에게 적용하기

1. 성공의 기회는 높이고, 실패는 줄이기 위해 무엇을 할 수 있나요? 여러분은 이 개념과 관련하여 얼마나 구체적인 목표를 세우고 있나요?

지도자 유의사항

학생들이 자신들이 생각하는 것보다 사건을 더 잘 통제할 수 있다는 것을 깨닫고, 현실적인 목표를 세울 수 있도록 돕는 것이 중요하다.

42. 정체성에 대해 알아보기

목표

자신의 정체성을 분명히 하는 것을 배운다.

준비물

학생 수만큼의 〈정체성에 대해 알아보기〉 활동지(유인물 16), 필기도구, 자신을 찍은 사진

진행 절차

1. 학생들에게 누군가 정체성을 보여 달라고 하면 무엇을 보여 줄 것인지 질문하면서 이 활동을 시작한다. 토론을 하면서 자기가 갖고 있는 사진에서 자신에 대해 말하고 있는 점(무엇을 말하고 있는지)을 찾아보고, 그것이 자신이 누구인지 정확하게 표현하고 있는지 토론해 본다.
2. 학생들에게 〈정체성에 대해 알아보기〉 활동지(유인물 16)를 1장씩 나누어 주고, 각 항목에 답해 보게 한다.
3. 학생들을 4명씩 한 집단으로 나누고, 집단원과 함께 각자 답한 〈정체성에 대해 알아보기〉 활동지(유인물 16)의 내용을 이야기 나누게 한다. 예를 들어, 다른 사람들이 자신의 외모 외에 어떤 점을 알기를 원하는가?

토론

내용에 대한 질문

1. 사람들은 외모 외에 어떤 면을 보여 주고 있나요?
2. 사람들을 외모로 판단할 때, 부정적인 면은 어떤 것인가요?
3. 외모 외에 다른 어떤 면이 사람의 정체성을 형성하나요?

개인에게 적용하기

1. 어떤 사람이 외모로만 여러분을 판단하면 기분이 어떤가요?
2. 여러분은 다른 사람에게 보이는 모습 외에 어떤 면을 다른 사람이 알게 되기를 원하나요?

지도자 유의사항

학생들이 정체성은 외모보다 더 많은 것으로 이루어져 있다는 점을 볼 수 있도록 돕는 것이 자기 수용과 정체성에 대해 좀 더 포괄적인 감각을 발달시킬 수 있다.

[유인물 16]

〈정체성에 대해 알아보기〉 활동지

지시사항: 다음 항목에 자신을 설명할 수 있는 다양한 특성으로 정체성을 표현해 보세요.

운동 능력

음악 능력

학업 능력

흥미

다른 재능

관계 기술

[중학교 3학년 · 고등학교 1학년]

감정

43. 대가를 지불하기

목표

유쾌한 느낌과 불쾌한 느낌의 대가를 분석하는 것을 배운다.

준비물

〈대가를 지불하기〉 활동지(유인물 17), 필기도구

진행 절차

1. 대가(특정한 사건에서 기인하는 이득)의 의미에 대해 토론한다. 모든 상황에는 긍정적이고 부정적인 대가가 있다. 예를 들어, 만일 자신이 댄스 파티에 초대되었다면 긍정적인 대가는 재미가 있을 것이고, 새로운 친구들을 만날 수 있다는 것이다. 부정적인 대가는 위험—다른 친구들만큼 춤을 잘 못 출 수도 있고, 그래서 웃음거리가 될 수도 있다는 것이다. 감정과 행동을 더 잘 이해하기 위해서 이러한 대가를 평가하는 것을 배우는 것이 중요함을 강조한다.
2. 긍정적이고 부정적인 대가는 또한 감정과 연결되어 있다는 점을 설명한다. 종종 사람들은 부정적인 감정에는 긍정적인 대가가 없다고 생각하지만 그렇지 않다. 예를 들어, 만일 누군가 우울해진다면, 그 사람은 많은 관심을 받게 될 것이고, 그러한 관심은 그 사람으로 하여금 우울한 상태를 유지하게끔 하는 것이 될 수도 있다.
3. 학생들에게 〈대가를 지불하기〉 활동지(유인물 17)을 나누어 주고, 2명씩 짝을 정하게 한다. 그들이 적은 감정들에 대한 긍정적이고 부정적인 대가들이 무엇이라고 생각하는지 짝끼리 이야기 나누게 한다.
4. 전체 집단으로 하여금 반응들을 이야기 나누게 한다.

토론

내용에 대한 이해

1. 감정에 대한 대가를 생각하는 것이 어려웠나요? 다른 것보다 더 어려웠던 것이 있었나요?

2. 여러분은 대가를 분석해 보는 것이 왜 중요하다고 생각하나요?

개인에게 적용하기

1. 여러분은 대가가 도움이 되지 않는데도 불구하고, 감정에 매달려 있던 적이 있었나요? 왜 그렇게 했나요?
2. 다음에 여러분이 그런 감정을 경험하고, 그 대가가 전혀 도움이 되지 않는다는 점을 안다면 어떻게 할 건가요?

지도자 유의사항

학생들은 우리 모두가 잘못된 이유 때문에 부정적인 감정 상태에 매달려 있는 경우가 있다는 사실을 알 필요가 있다. 감정에 대한 대가를 분석하는 방법을 알고 선택을 하는 것은 상황을 통제하는 데 유용하다.

[유인물 17]

〈대가를 지불하기〉 활동지

지시사항: 다음 감정에 대한 긍정적이고 부정적인 대가를 생각해 보고 적어 보세요.

1. 분노
   긍정적 ______________________________
   부정적 ______________________________

2. 우울
   긍정적 ______________________________
   부정적 ______________________________

3. 슬픔
   긍정적 ______________________________
   부정적 ______________________________

4. 행복
   긍정적 ______________________________
   부정적 ______________________________

5. 혼란스러움
   긍정적 ______________________________
   부정적 ______________________________

6. 외로움
   긍정적 ______________________________
   부정적 ______________________________

44. 반응

목표

감정에 대한 합리적인 반응과 비합리적인 반응 간의 차이를 구분하는 것을 배운다.

준비물

종이, 필기도구

진행 절차

1. 감정에 반응한다는 의미에 대해 토론한다. 예를 들어, 만약 자신이 우울하다면 하루 종일 침대에 누워 있을 수도 있고, 웃지 않을 수도 있고, 친구들도 만나지 않거나 심지어는 약물을 할 수도 있다. 또한 자신이 화가 나 있다면 물건을 집어던질지도 모르고, 술에 취하거나, 난폭하게 운전을 하거나, 화를 마음속에 억눌러 버릴 수도 있다.
2. 일반적인 감정을 나타내는 단어들을 칠판에 적는다. 그런 다음 학생들을 4명씩 한 집단으로 나누고, 집단별로 감정들을 네 가지씩 할당한다. 각 집단은 그런 감정을 느끼는 사람이 할 수 있는 행동들을 함께 찾아본다.
3. 진행 절차 2번에서 나온 반응들을 이야기 나누어 보고, 그것을 칠판에 적는다.
4. 어떤 반응이 다른 반응보다 더 합리적인지 토론한다. 예를 들어, 비합리적인 반응들은 사건에 적절하지 않을 수도 있고, 누군가에게 상처를 줄 수도 있고, 무언가를 파괴할 수도 있다. 각 감정에 대한 그들의 반응 목록을 보고, 합리적일 경우에는 옆에 +를 표시하고, 비합리적으로 보이는 경우에는 옆에 −를 표시한다.
5. 전체 집단으로 하여금 평가 결과를 이야기 나누도록 한다.

토론

내용에 대한 이해

1. 감정 반응을 생각하는 것이 어려웠나요?

2. 합리적인 반응과 비합리적인 반응 중에서 어떤 반응을 더 쉽게 찾을 수 있었나요?
3. 합리적인 반응과 비합리적인 반응 간의 다른 점은 무엇인가요?

개인에게 적용하기

1. 어떤 종류의 반응이 여러분의 특성과 유사한가요?
2. 여러분이 생각하기에 어떤 종류의 표현이 더 건강한 것 같나요? 이런 종류의 표현을 증가시키기 위해 무엇을 할 수 있나요?

지도자 유의사항

감정 표현은 선택이라는 것을 이해하고, 학생들이 자신에게 가장 이익이 될 수 있는 긍정적인 반응들을 찾아내는 것이 가장 중요하다.

45. 기분

목표

다양한 기분을 확인하고, 기분을 다루는 전략들을 배운다.

준비물

없음

진행 절차

1. 기분(어떤 상태의 느낌이나 감정)과 변덕(우울하거나, 부루퉁하거나, 기분이 변하는 것)의 의미를 설명한다.
2. 학생들에게 얼마나 많은 기분을 경험해 보았는지 물어본다. 그들이 경험한 서로 다른 종류의 기분에 대한 예를 들어 보게 한다. 또한 기분이 하루는 좋았다가 다음 날에는 가라앉는(혹은 이보다 기분 변화가 더 빨리 일어나는) 기분 동요에 대해 말해 보게 한다. 감정 변화와 기분 동요가 일어나는 것은 자연스러운 것이지만, 만일 기분이 문제가 되기 시작한다면 상담자나 부모님에게 얘기하는 것이 좋다.
3. 어떤 기분이나 기분 동요를 경험할 때 학생들은 무엇을 하는지 토론하게 한다. 이것이 행동에 어떤 영향을 주는가? 기분과 행동의 관계를 강조하고, 기분의 효과가 무엇인지를 보여 주는 예(먹거나 마시는 습관이 달라지는 것, 사람들에게 무뚝뚝하게 대하는 것, 사소한 일에 과장되게 반응하는 것)를 이끌어 낸다.

토론

내용에 대한 이해

1. 여러분은 기분에 대한 어떤 대가를 지불하고 있다고 생각하나요?
2. 기분을 다루기 위해 할 수 있었던 것은 무엇인가요?

개인에게 적용하기

1. 여러분의 모습 중 변덕스러운 특징이 있다면 설명해 보세요.
2. 여러분은 변덕스러운 사람들에게서 어떤 것을 경험하나요? 그들과 잘 지내고 있나요? 오히려 여러분이 그들의 기분에 따라 행동을 하나요?
3. 여러분은 변덕스러워질 때, 그러한 변덕을 다루기 위해서 여러분이 무엇을 할 수 있다고 생각하나요?

지도자 유의사항

이 시기에 기분과 기분 동요는 자연스러운 것이지만, 학생들이 자신의 기분에 희생양이 되어서는 안 된다는 점을 깨닫게 돕는다. 비록 그들이 목표를 세우고, 감정에 대해 말하는 것들을 좋아하지 않는다 할지라도 다른 사람들과 어울리거나 활동에 참여함으로써 기분을 통제할 수 있다.

46. 죄책감과 수치심

목표

죄책감과 수치심을 다루는 방법을 배운다.

준비물

종이, 필기도구

진행 절차

1. 칠판에 죄책감(잘못했거나 비도덕적으로 행해졌다고 믿는 것에서 기인한 자기 비난의 고통스러운 감정)의 의미를 적는다. 그 의미에 대해 토론하게 한다.
2. 칠판에 수치심(적절하지 못한 행동이거나 무능력하기 때문에 존경심을 잃어버린 감정)의 의미를 적는다. 그 의미에 대해 토론하게 한다.
3. 학생들에게 죄책감이나 부끄러움을 느꼈던 상황을 설명할 수 있는 짧은 글을 종이에 적게 한다. 자기가 원하지 않으면 말하지 않을 수 있고, 비밀 보장이 된다는 것을 언급한다.
4. 그 나이의 학생들이 죄책감을 느낄 수 있는 행동, 예를 들어 부모님에게 그들이 어디에 갔는지에 대해 거짓말을 하거나, 친구에게 자기가 정말 하고 싶은 일을 하고 있으면서 솔직하게 말하지 않고 바쁘다고 하거나 하는 것과 같은 사례를 들어 준다. 학생들에게 이런 상황에 대해 죄책감을 느낄 것 같다면 손을 들어 보라고 한다. 자기 대화를 통해 누구는 그럴 것이고, 누군가는 그렇지 않을 것이라고 추측함으로써 그렇게 느끼는 이유를 밝혀 낸다. 예를 들어, 친구에게 거짓말을 한 후에 하는 자기 대화는 다음과 같을 것이다. 즉, "나는 정직해야 하고, 진실을 말했어야 했는데……." "내가 비록 원하지 않더라도 갔어야 했는데……." "내가 거짓말을 했기 때문에 아마도 그 아이의 감정이 상했을 거야." 등이다.
5. 다른 사례에 대해 생각하게 하고, 우리가 어떤 것에 대해 죄책감을 느낄 때에는 뒤따라 수치심을 느낀다는 것을 얘기해 준다. 부모님이 술을 많이 마시는 것에 대해 수치심을 느끼는 것처럼 수치심은 죄책감 없이 발생할 수도 있는데, 왜냐하면 자신이 원하는 것만큼 자신이 능력이 없거나 가족 중 누군가가 가족에게 나쁜 평판을 줄 수 있는 행동을 할 수도 있기 때

문이다.

6. 우리는 위험을 감수해야 하는 것이나 거절하는 것, 또는 진실을 말하는 것을 두려워하기 때문에 죄책감을 느낄 수 있다는 사실에 대해 토론한다. 예를 들어, 만약 부모님에게 거짓말하는 대신에 자신이 어디에 있었는지를 말한다면, 부모님은 거의 미칠 듯이 자신에게 화를 낼 수도 있고, 혹은 그렇게 흥분하지 않을 수도 있다. 때때로 우리는 가장 최악의 상황이 발생할 것이라고 생각하는데, 실제로는 그렇지 않다.
7. 학생들에게 그들이 죄책감을 느꼈던 상황과 관련된 자기 대화의 예를 들어 이야기 나누게 한다. 그 상황에 대한 추측이 얼마나 타당한지에 대해 생각해 보는 것이 중요하다는 점을 강조한다. 자기 자신을 보여 주면, 사람들이 정말로 싫어할 것이라고 추측하기 때문에 수치심이 발생할 수도 있다. 종종, 우리가 우리 자신이나 경험에 대해 공개한다면, 다른 사람들도 우리와 유사한 경험이 있다는 것을 알게 될 것이다. 바꾸어 말하면, 이것은 우리가 수치심을 덜 느끼도록 도와준다.

토론

내용에 대한 이해

1. 죄책감과 수치심이 건강한 감정이라고 생각하나요?
2. 여러분은 사람들이 죄책감이나 부끄러움을 즐긴다고 생각하나요?
3. 여러분은 사람들이 죄책감이나 부끄러움을 피할 수 있는 방법이 있다고 생각하나요?

개인에게 적용하기

1. 여러분은 죄책감이나 수치심을 즐기나요? 그러한 감정들이 자신에게 이득이 되나요?
2. 만약 여러분이 죄책감이나 수치심을 전에 느껴 본 적이 있다면, 그러한 감정들이 그렇게 강력하게 되지 못하도록 여러분은 어떤 노력을 했나요?

지도자 유의사항

죄책감과 수치심은 자연스러운 것이기는 하나 우리가 기꺼이 자신의 감정에 솔직해진다면, 반드시 느껴야만 하는 감정이 아니라는 것을 알 수 있다. 긍정적인 자기 대화는 죄책감과 수치심을 유도하는 비하나 끔찍함을 감소시키는 데 도움을 준다.

47. 걱정, 두려움, 그리고 불안

목표

걱정, 두려움, 그리고 불안을 다루는 방법을 배운다.

준비물

〈걱정, 두려움, 그리고 불안〉 체크리스트(유인물 18), 필기도구

진행 절차

1. 얼마나 많은 학생이 걱정, 두려움, 불안감을 경험하는지 이야기하게 한다. 이러한 감정은 정상적이지만, 그 감정을 다루는 방법을 찾는 것이 도움이 된다는 점을 강조한다.
2. 학생들에게 〈걱정, 두려움, 그리고 불안〉 체크리스트(유인물 18)를 한 장씩 나누어 준다. 학생들에게 자기가 원하지 않으면 말하지 않을 수 있고 모든 내용은 비밀 보장이 된다는 점을 말해 준다.
3. 학생들을 3~4명씩 한 집단으로 나누고, 각 집단에서는 한 명의 기록자를 선정한다. 기록자의 임무는 걱정, 두려움, 불안을 다루는 방법에 대한 집단원의 모든 생각을 적는 것이다. 이때 학생들은 체크리스트에서 어떤 특별한 견해들을 이야기 나누어 볼 수도 있고, 집단에게 특정 주제를 다루는 방법을 물어볼 수도 있다.
4. 각 집단이 이러한 감정을 다루는 해결책을 이야기 나누도록 돕는다.

토론

내용에 대한 이해

1. 여러분이 체크리스트의 여러 항목에 체크한 것을 보고 놀랐나요? 이것은 여러분 자신에 대해 무엇을 말해 주나요?
2. 사람들이 이러한 감정을 경험한다는 것이 자연스러운 일이라고 생각하나요? 이러한 감정이 건강하지 못하게 된 적이 있나요?

개인에게 적용하기

1. 이러한 감정을 다루기 위해 여러분이 지금까지 사용해 온 전략은 어떤 것인가요? 그러한 전략들은 어떻게 가능했나요?
2. 여러분이 사용하고 싶은 전략은 무엇인가요?

지도자 유의사항

모든 사람이 정도는 다르지만 이러한 감정을 경험하게 되며, 이 감정을 다루는 전략도 존재한다. 학생들이 토론을 통해 걱정거리를 친구나 어른과 얘기한다든지, 자기 주장을 한다든지, 적절한 도움이 되는 책을 읽는다든지, 목표를 정한다든지, 상담자를 찾아간다든지 하는 등의 방법을 찾아내도록 돕는다.

[유인물 18]

<걱정, 두려움, 그리고 불안> 체크리스트

지시사항: 다음 목록에 대해 여러분이 얼마나 걱정하고, 두려워하고, 불안해하는지 해당하는 곳에 표시하세요.

	자주 그렇다	가끔 그렇다	전혀 그렇지 않다
부모님의 싸움	☐	☐	☐
돈	☐	☐	☐
부모님의 음주	☐	☐	☐
친구들의 압력	☐	☐	☐
성적	☐	☐	☐
나의 미래	☐	☐	☐
이성교제	☐	☐	☐
외모	☐	☐	☐
성	☐	☐	☐
약물	☐	☐	☐
핵전쟁	☐	☐	☐
직업	☐	☐	☐
다른 사람의 의견	☐	☐	☐
인기 없음	☐	☐	☐
성취	☐	☐	☐
내가 말한 내용	☐	☐	☐
몸무게	☐	☐	☐
운동	☐	☐	☐
수용	☐	☐	☐
AIDS	☐	☐	☐
병	☐	☐	☐
성장 발달	☐	☐	☐

48. 다루기 힘든 감정

목표

강력한 부정적인 감정을 완화할 수 있는 능력을 배운다.

준비물

〈다루기 힘든 감정〉 활동지(유인물 19), 필기도구

진행 절차

1. 학생들에게 상당히 화가 났거나, 극도로 우울하거나, 불안함 같이 강력하게 부정적인 감정들을 없애거나 완화시키고 싶은 사람들이 얼마나 되는지 물어본다. 그들이 노력해서 성공했던 사례가 있다면 이야기 나누어 보도록 한다.
2. 학생들에게 〈다루기 힘든 감정〉 활동지(유인물 19)를 한 장씩 나누어 주고, 강력하게 부정적인 감정을 느낄 때 할 수 있었던 대안들을 설명하게 한다.
3. 강력한 감정의 결과를 낳았던 사건을 지원자에게 말해 보게 한다. 다음의 유인물에 제시된 사례에 설명된 방식에 따라 칠판에 A–B–C–D–E 기록지를 그린 다음에 지원자가 말한 사건을 A칸에 적는다. 그리고 그 사건에 따르는 감정과 행동적 결과를 찾아본다. 이것을 C칸에 적는다. 그런 다음 그 사람의 감정에 기여하고 있는 비합리적인 신념을 이끌어 낸다. 그것들을 B칸에 적는다. (강력한 감정이 느껴질 때 수반되는 신념을 감지하기가 쉽지 않다는 것을 말해준다. 이러한 신념들은 과장될 수 있고, 자기 비판적일 수 있고, 끔찍하며, 강요적일 수 있으며…….)
4. 학생들에게 그들의 잘못된 생각을 바꿀 수 있도록 자기 스스로에게 논박을 하거나 질문을 던지는(D칸) 방법을 보여 준다. 이러한 질문들은 신념을 감지할 수 있도록 만들어 새로운 효과(E칸)를 나타내는 결과를 만든다. 그렇게 하는 것이 감정을 굉장한 느낌으로 바꿀 것이라는 것을 의미하는 것은 아니지만, 덜 강력하고 덜 부정적인 것이 되게 할 수 있다.
5. 학생들에게 개인적인 사례를 생각해 보고, 완성하게 한다.

토론

내용에 대한 이해

1. 여러분은 이런 전략들이 부정적인 감정을 약화시킬 수 있다고 생각하나요?
2. 이러한 체계를 적용하는 데 가장 어려운 부분은 무엇이라고 생각하나요?

개인에게 적용하기

1. 여러분은 부정적인 감정을 다루는 데 이러한 체계를 사용해 본 적이 있나요? 만일 그렇다면, 그 방법이 어떻게 작용했나요?
2. 이러한 방법을 개인적인 상황에 어떻게 적용할 수 있을까요?

지도자 유의사항

A–B–C–D–E 방법을 설명하는 것은 감정 통제를 가르치는 좋은 방법이다. 학생들이 그 개념을 분명하게 이해하도록 하기 위하여 반복해서 복습하는 것이 필요할 것이다(특히, 반박하는 개념).

다루기 힘든 감정 실습 반응의 예

A	B	C	D	E
사건	비합리적인 신념	정서적/ 행동적 결과	논박이나 반박 질문	새로운 효과
이번 주에 벌을 받았다.	1. 벌을 받은 것은 불공평하다. 2. 참을 수가 없다. 제기랄, 죽을 것 같다.	화/방에서 전화를 집어던졌다.	1. 난 네가 혼란스러운 것을 이해할 수 있어. 하지만 항상 모든 것이 공평해야만 할까? 넌 이런 대우를 받을 만한 어떤 일도 한 적이 없다고 말하고 있는 거니? 2. 정말 참을 수 없다는 것이 확실해? 정말로 너무 끔찍해서 죽고 싶은 거니? 아마도 잊을 수 있을 거야. 네가 지난 주에만 벌 받은 거지 너의 나머지 인생이 다 벌 받은 건 아니잖아. 다르게 만들 수 있지?	여전히 행복하지는 않지만 화가 덜 난다.

[유인물 19]

〈다루기 힘든 감정〉 활동지

지시사항: 여러분의 A-B-C-D-E 과정을 찾아 적으세요.

A	B	C	D	E
사건	비합리적인 신념	정서적/ 행동적 결과	논박이나 반박 질문	새로운 효과

From Thinking, Feeling, Behaving: An Emotional Curriculum for Children (Grades 7-12) (Rev. ed.)

49. 생각하기, 느끼기, 행동하기

목표

생각과 느낌과 행동 간의 관계를 이해함으로써 감정을 다루는 방법을 배운다.

준비물

〈생각하기, 느끼기, 행동하기〉 활동지(유인물 20), 각 조별 여유분 활동지, 필기도구

진행 절차

1. 중학교 3 · 고등학교 1학년을 위한 자기수용: 활동 6(다루기 힘든 감정)에서 배웠던 합리적인 생각을 통해 부정적인 감정의 강도를 줄일 수 있는 방법에 대하여 검토한다.
2. 학생들에게 〈생각하기, 느끼기, 행동하기〉 활동지(유인물 20)를 나누어 준다. 학생들을 4명씩 한 집단으로 나누고, 소집단에서 각 단계들을 함께 작업하도록 한다.
3. 학생들이 〈생각하기, 느끼기, 행동하기〉 활동지(유인물 20)를 완성하고 나면, 각 집단에서 토론한 내용의 유사점과 차이점에 대해 발표하게 한다.

토론

내용에 대한 질문

1. 상황은 같은데 왜 모든 학생이 똑같이 생각하고, 느끼고, 행동하지 않았을까요?
2. 여러분이 어떤 상황에 대해 느끼거나 행동하는 방법을 바꾸기를 원한다면, 무엇을 바꾸면 될까요? 이런 변화를 만들 수 있는 방법은 무엇일까요?
3. 많은 목표를 세웠다 할지라도 여러분은 여전히 성공할 수 없을지도 모른다고 생각하나요?

개인에게 적용하기

1. 여러분은 느낌을 바꾸기 위해서 여러분 자신의 생각을 바꾼 적이 있나요? 이야기를 나누어 보세요.
2. 만일 여러분의 느낌을 바꿀 수 있다면, 여러분의 행동이 어떻게 달라질까요? 예를 들어 이야기를 나누어 보세요.
3. 오늘 부정적인 상황에 좀 더 효과적으로 반응할 수 있도록 도와줄 수 있는 내용을 배웠는데 어떤 것을 적용해 볼 수 있을까요?

지도자 유의사항

생각하기와 느끼는 것 간의 연관성을 이해하도록 학생들을 돕는 것이 그들에게 감정적인 자기조절을 위한 유용한 도구를 제공하는 것이다.

[유인물 20]

〈생각하기, 느끼기, 행동하기〉 활동지

지시사항: 생각하기, 느끼기, 행동하기 간의 연관성을 이해할 수 있도록 학생들을 4명씩 한 집단으로 나누고, 다음 단계에 따라 작업하게 한다. 응답할 내용을 생각하고 토론하고 나서 적은 후에 한 학생이 각 집단별로 나누어 준 여분의 활동지에 자기 집단의 대답을 적게 한다.

1. 나한테 연락하지 않는 친구나, 시험이나 수행평가를 잘 (못) 봤을 때나, 내가 원하는 것을 부모님이 허락하지 않았던 때 등 여러분이 경험했던 상황을 생각해 보세요. 집단원끼리 이야기하고 나서 한 가지 상황이 합의되어 결정되면 적으세요.

___

___

___

2. 그 상황에서 어떻게 느끼는지 함께 이야기해 보고, 모든 느낌 단어를 적으세요.

___

___

___

3. 그 상황에 대해 집단원 각자가 어떻게 생각했는지 확인해 보세요. 예를 들어, '뭔가 불공평해.' '난 늘 이런 식으로 대접 받았지.' '내 뜻대로 되는 게 하나도 없네.' 등으로 생각할 수 있다.

___

___

___

4. 그 상황에서 여러분은 어떻게 행동했는지 이야기 나누세요. 그 행동을 적으세요.

___

___

___

5. 반응들을 살펴보고, 느낌과 생각과 행동을 비교해 보세요. 만일 다른 점이 있다면, 왜 다르다고 생각하는지 이유를 적으세요.

___

___

___

[중학교 3학년 · 고등학교 1학년]

신념과 행동

50. 책임 회피 행동

목표

회피나 책임 회피 행동을 배운다.

준비물

종이, 필기도구

진행 절차

1. 책임을 회피하는 것(copping out)은 스스로 책임지기를 거부하고 일어난 일에 대해 다른 사람을 비난하는 것임을 설명한다. 예를 들어, 자신이 팀에 선발되지 못했다는 것 때문에 감독을 비난한다거나, 집에 늦게 와서 벌 받은 것 때문에 부모님을 비난한다거나, 하루를 망친 것에 대해 친구를 비난하는 것 등이 있다. 책임 회피는 자신이 책임을 지기보다는 다른 사람이 책임을 떠맡기를 원하기 때문에 비합리적인 신념이다.
2. 회피 행동(avoidance)은 지연시키는 것과 관계가 있을 수 있는데, 지연은 그것에 대해 불편하거나 그것을 한 것을 가지고 말다툼을 하지 않으려고 꾸물대는 행동을 말한다. 또한 회피는 자신이 직면하고 싶지 않아서 어떤 사람들을 무시하거나, 고통스럽고 다루기 힘든 상황을 직면하는 것을 피하려고 술을 너무 많이 마시거나, 과식하거나, 너무 적게 먹거나 하는 행동들을 포함한다.
3. 학생들로 하여금 각자 자신이 해 본 회피나 책임 회피 행동의 예를 생각해 보게 한다.
4. 학생들을 4~5명씩 한 집단으로 나누고, 진행 절차 3번에서 생각해 본 예를 이야기 나누게 한다.

토론

내용에 대한 이해

1. 회피나 책임 회피 행동의 예를 생각하는 것이 어려웠나요?
2. 회피나 책임 회피 행동이 건강하다고 생각나요, 아니면 불건강하다고 생각하나요?

개인에게 적용하기

1. 여러분 자신의 삶에서 회피나 책임 회피 행동을 어떻게 알 수 있나요?
2. 여러분은 이런 종류의 행동에 대해 어떻게 하고 싶나요?
3. 여러분은 회피나 책임 회피 행동을 하고 있는 사람을 알고 있나요? 그들의 삶에 영향을 미치고 있는 이러한 행동을 어떻게 보나요? 이러한 행동들을 좋게 생각하나요?

지도자 유의사항

학생들이 자신의 행동에 책임을 지고, 불건강한 패턴을 깨닫고, 회피의 결과를 알도록 돕는다.

51. 회피 행동

목표

회피 행동에 기초가 되는 신념을 배운다.

준비물

종이, 필기도구

진행 절차

1. 중학교 3학년 · 고등학교 1학년을 위한 신념과 행동: 활동 1(책임 회피 행동)의 요점을 검토한다. 비합리적인 신념이 회피 행동에 근거가 된다는 점을 강조한다. 그러한 신념들은 다음과 같다.

> • 일들이 항상 내 방식대로 되어야만 한다.
> • 너무 힘들기 때문에 난 일을 할 수 없다.
> • 다른 사람들은 나의 행동에 대해 내가 책임을 질 수 있도록 도와야만 한다.
> • 직면하는 것보다는 책임과 문제를 회피하는 것이 쉽다.

2. 학생들에게 2명씩 짝을 지어 회피 행동의 예를 다섯 가지 들게 하고, 그러한 행동에 기초가 된다고 생각하는 신념을 밝혀 내게 한다. 비록 자신의 행동이 다른 사람들의 행동과는 반대되는 것이기는 하지만 학생들로 하여금 자신의 행동에 대해서 생각해 보도록 격려한다.
3. 학생들로 하여금 진행 절차 2번에서 생각해 낸 여러 가지 예를 이야기 나누게 한다.

토론

내용에 대한 이해

1. 여러분은 친구들의 회피 행동을 많이 보았나요? 가장 일반적인 것은 어떤 것인가요?
2. 여러분이 생각하기에 그런 회피 행동에 근거가 되는 비합리적인 신념은 무엇인가요?

개인에게 적용하기

1. 여러분은 회피 행동을 한다고 생각하나요? 그것에 대해 어떻게 느끼나요? 예를 들어 이야기를 나누어 보세요.
2. 여러분은 회피 행동을 계속하기를 원하나요? 만약 그렇지 않다면, 어떤 계획을 세울 수 있을까요?

지도자 유의사항

학생들이 비합리적인 신념과 회피 행동을 연결할 수 있도록 '모든 일은 쉬워야만 한다.'는 생각의 비현실적인 특성을 지적하여 알 수 있도록 한다.

52. 왜 책임을 회피하나

목표

책임 회피 행동의 이득과 손해를 평가하는 것을 배운다.

준비물

없음

진행 절차

1. 중학교 3학년 · 고등학교 1학년을 위한 신념과 행동: 활동 1(책임 회피 행동), 2(회피 행동)에서 배운 책임 회피 행동을 검토한다. 비합리적인 신념이 이러한 행동의 근거가 되지만, 이렇게 행동하는 것은 이득이 있기 때문이며 사람들은 보통 비합리적인 신념을 계속 사용하게 된다.
2. 학생들에게 회피 행동의 이득에 대해 생각해 보도록 한다. 예를 들면, 다음과 같다.

- 만약 자신이 경기에 주전선수로 나가지 않은 것에 대해 감독을 비난한다면, 자신의 능력에 대해 좋게 느낄 수 있다.
- 만약 대인관계에서 일보다는 사람과 관계가 깨졌다면, 자신은 변화를 피하게 될 것이다.
- 만약 자신의 부모님의 이혼 문제를 회피하기 위해 술을 마신다면, 자신은 고통스러운 문제에 직면하는 것을 미룰 수 있을 것이다.
- 만약 자신이 너무 많이 먹어서 비만이 된다면, 이성교제에 대해 신경쓰지 않아도 될 것이다.

3. 학생들에게 자신의 책임 회피 행동에 대한 이득을 찾아보게 한다. 그런 다음, 손해도 생각해 보게 한다. 이러한 행동들은 패턴이 될 수 있으며, 자기 인생의 문제를 직면할 수 없게 되거나 자신이 가지고 있는 문제를 회피하려고 함으로써 심지어 문제를 더 악화시킬 수 있다.

토론

내용에 대한 이해

1. 여러분이 생각하기에 여러분은 다른 사람들보다 책임 회피 행동의 이득이나 손해 중 어떤 것을 더 많이 갖고 있나요?

개인에게 적용하기

1. 여러분의 인생이나 여러분이 알고 있는 누군가의 삶에서 책임 회피 행동이 하는 역할은 무엇인가요?
2. 여러분이 책임 회피 행동을 해서 얻은 이득이나 손해는 무엇인가요?
3. 여러분은 이 활동을 통해 무엇을 배웠나요? 자신에게 어떻게 적용할 수 있을까요?

지도자 유의사항

학생들이 책임 회피 행동에 순간적인 이득이 있을지라도 오랜 기간 손해가 있어 왔다는 점을 아는 것이 가장 중요하다.

53. 좌절을 견디기

목표

좌절을 견디는 기술을 배운다.

준비물

종이, 필기도구

진행 절차

1. 학생들에게 좌절(해결되지 않은 문제나 채워지지 않은 욕구로 인한 불만족감)의 의미를 설명하게 하고, 좌절했던 적이 있거나 현재 좌절하고 있는 예를 두 가지 정도 적어 보게 한다. 예를 들어, 새로운 무언가를 배우며 어려움을 겪는 경우, 지원했으나 팀에 들어가지 못한 경우, 어려운 숙제로 고민하는 경우, 부모님이나 친구와 갈등을 겪는 경우 등이 될 것이다. 예를 이야기 나눈다.
2. 좌절을 다루기 위해 자기 대화를 사용하는 법을 소개한다. 예를 들어, 만약 자신이 새로운 무언가를 배우고 있다면, 자기 자신에게 처음부터 하는 방법을 알 수 없고, 그것을 하는 것이 쉽지는 않을 거야라고 말할 수 있다. 테스트는 거쳤지만 팀에 소속되지 못했다면, 자신이 팀원으로 선택되지 못했다는 것이 내가 능력이 없다는 것이 아니라, 모든 사람이 다 팀원이 될 수 없다 또는 전혀 아무 노력도 하지 않는 것보다는 선택되지는 않았지만 노력해 보는 것이 낫다고 자신에게 말할 수 있다.
3. 학생들을 2명씩 짝을 지어 그들이 경험한 좌절 상황을 좀 더 효과적으로 다루기 위해 할 수 있었던 자기 대화를 해 보게 한다.
4. 전체 집단으로 하여금 예를 이야기 나누도록 한다.

토론

내용에 대한 이해

1. 자기 대화란 무엇인가요? 이것을 좌절에 어떻게 적용할 수 있나요?

개인에게 적용하기

1. 여러분은 좌절을 경험해 본 적이 있나요? 어떤 상황이었나요?
2. 여러분은 좌절을 다루기 위해 자기 대화를 사용해 본 적이 있나요? 만약 그렇다면, 어땠나요?
3. 여러분은 자기 대화를 좌절 상황에 적용한다는 것이 유용할 것 같나요? 만약 그렇다면, 이 과정을 해보는 데 어떤 문제가 예상되나요? 여러분이 생각하기에 결과가 어떨 것 같나요?

지도자 유의사항

자기 대화는 좌절을 다루는 데 필수적인 도구이다. 좌절 상황에 기초가 되는 비합리적인 신념을 강조하는 것은 학생들로 하여금 좌절 상황을 대처하는 데 필요한 반박 질문을 하도록 하는 것에 도움이 될 것이다.

54. 공격성의 대안

목표

공격성의 대안을 배운다.

준비물

공격적인 행동(예를 들어, 살인, 강간, 강도, 배우자나 어린이 성추행)의 예를 보여 주는 신문 기사

진행 절차

1. 공격성(지배하기 위한 강압적인 행동)의 의미에 대해 토론하게 한다.
2. 학생들을 세 집단으로 나눈다. 신문 기사를 나누어 주고, 학생들에게 공격적인 행동의 예를 찾아보게 한다.
3. 학생들에게 공격적으로 행동하는 사람들이 어떤 느낌(예를 들어, 분노, 패배감, 좌절, 복수심)을 가질 것 같은지 토론하게 한다. 사람들로 하여금 공격적으로 행동하게 만드는 것은 무엇이라고 생각하며, 그러한 행동의 대가는 무엇인지 이야기해 볼 수 있다.
4. 학생들에게 공격성의 대안들을 생각하고 이야기 나누게 한다. 공격적인 행동을 촉진하는 감정에 주목하게 하고, 이러한 감정을 다루는 대안적 방법들을 생각해 보도록 지도한다.
5. 전체 집단으로 하여금 각자 생각들을 이야기 나누게 한다.

토론

내용에 대한 이해

1. 대부분의 사람이 공격적인 행동의 대안들을 생각해 왔던 것 같나요?
2. 공격적인 행동은 좋다고 생각하나요, 아니면 나쁘다고 생각하나요?

개인에게 적용하기

1. 여러분은 공격적인 행동에 대한 어떤 대안들을 사용한 적이 있나요? 만약 있다면, 그 대안들을 사용한 것이 어땠나요?
2. 여러분에게 공격성 때문에 문제가 생긴 적이 있나요? 만약 있다면, 여러분은 무엇을 할 수 있다고 생각하나요?

지도자 유의사항

학생들이 공격적인 행동이란 자신이 통제할 수 있는 선택이라는 점을 인지할 필요가 있다. 만약 이런 문제를 가지고 있다면, 이러한 생각을 행동으로 옮기는 것이 공격적인 행동의 문제를 극복할 수 있는 첫 번째 단계이다.

55. 자기 주장하기

목표

주장적인 행동 기술을 배운다.

준비물

〈자기 주장하기〉 활동지(유인물 21), 필기도구

진행 절차

1. 다음에 나오는 주장, 공격, 그리고 비주장의 의미에 대해 토론하게 한다.

주 장: 다른 사람의 권리를 침해하지 않고 자신의 권리를 내세우는 것이다. 주장은 다른 사람의 감정을 고려하는 것이지, 부정적인 직면을 하는 것이 아니다. 주장은 감정, 신념, 그리고 의견을 적절하게 표현하는 것이다. 주장적인 사람은 직접적으로 다른 사람의 눈을 바라보고 자신 있는 태도로 이야기한다.

공 격: 지배적이고 남에게 굴욕감을 주는 태도로 자세를 취하는 것이다. 공격은 다른 사람의 감정이나 권리에 대한 고려가 없다. 다른 사람을 공격하는 것이다.

비주장: 자신의 권리를 내세우거나 자신의 의견을 표현하기를 두려워하는 것이다. 비주장적인 사람들은 갈등을 회피하려고 한다. 그들은 자신의 감정을 안에 억누르고 다른 사람들에게 무시당하기 때문에 종종 매우 화가 난다. 비주장적인 사람들은 대개 다른 사람의 눈을 바라보지 못하고, 부끄러워하고, 자신에 대한 확신이 없으며, 간접적인 태도를 취한다.

2. 의미를 분명히 하고, 학생들에게 〈자기 주장하기〉 활동지(유인물 21)를 나누어 준다. 학생들은 개인적으로 작업을 하거나 예를 완성할 수 있는 짝과 작업을 할 수도 있다.
3. 반응들을 이야기 나눈다.
4. 지원자들에게 상황을 역할 연기하게 하고, 다른 학생들에게는 주장적, 공격적, 비주장적 역할을 추측해 보게 한다. 한 지원자가 주장적, 공격적, 비주장적 메시지를 받아들이는 사람의 입장을 다 해보게 한다. 그 지원자가 다른 유형의 메시지에 각각 진지한 태도로 반응하

라고 한다.

5. 어떤 반응이 가장 효과적인지에 대해 토론한다.

토론

내용에 대한 이해

1. 여러분은 주장적, 공격적, 그리고 비주장적 반응들을 구분하는 것이 어려웠나요?
2. 여러분이 세 유형들 간에 처음 발견한 차이는 무엇인가요?

개인에게 적용하기

1. 대부분의 상황에서 여러분은 주장적, 공격적, 비주장적 태도 중 어떤 태도로 반응하나요? 여러분은 어떤 태도이고 싶나요?
2. 여러분이 생각하기에 어떤 반응이 가장 효과가 있나요? 왜 그런 것 같나요?
3. 여러분은 더 자기 주장적이 되기 위해 무엇을 배웠나요?

지도자 유의사항

학생들이 하는 행동에 대해 매일매일 피드백 해 주는 활동을 따르는 것이 좋다. 그들에게 주장적인 행동이 가장 이득이 있다는 것을 알 수 있도록 돕는다. 공격적인 행동은 보통 분노를 유발한다. 그리고 비주장적인 행동은 감정을 억누르게 만들고, 대인관계에 지속적으로 부정적인 영향을 미치게 한다.

[유인물 21]

〈자기 주장하기〉 활동지

지시사항: 다음 상황에 대한 반응을 주장적(AST), 공격적(AGG), 비주장적(NON)으로 적으세요.

1. 여러분의 부모님이 주말에 밤 10시 이후에는 나가지 말라고 말씀하셨다. 여러분은 그 결정이 마음에 들지 않는다.

_______ 반응 1: 말은 하지 않았지만 정말 화가 났다. 그러나 외출하지 않았다.

_______ 반응 2: 누구나 외출은 하며, 부모님은 너무 구식이라고 말하면서 대들었다. 이런 감옥에 살고 싶지 않으며, 부모님이 왜 그렇게 자신을 숨 막히게 만드는지 모르겠다고 말했다.

_______ 반응 3: 부모님에게 내 나이가 16세이므로 가끔은 외출을 할 수도 있다고 생각한다고 공손한 태도로 말씀드렸다.

2. 여러분의 남자 친구나 여자 친구가 여러분을 기다리게 했다.

_______ 반응 1: 이성 친구에게 전화를 걸어 단호하지만 화가 나지 않은 목소리로, 전화를 해 주지 않아서 속상했으며 그렇게 대우받고 싶지 않다고 말했다. 만약 우리 관계에 문제가 있다면 그것에 대해 얘기하고 싶고, 그렇게 무가치하게 대우받고 싶지는 않다고 말했다.

_______ 반응 2: 매우 화난 목소리로 전화를 해서 넌 내가 지금까지 만난 애 중에서 가장 인정머리 없는 애였고, 난 다시는 널 만나지 않을 것이며, 넌 정말 재수 없는 애라고 말했다.

_______ 반응 3: 당장 아무 말도 하지 않았고 침울해져서 다음에 그 애를 만났을 때 냉정하고 썰렁하게 대했다. 그 아이가 왜 그러냐고 물어도 아무것도 아니라고만 말했다.

3. 시험을 못 본 건 선생님의 채점이 공정하지 못했기 때문이라고 생각한다.

_______ 반응 1: 어떤 말이나 행동도 하지 않았다.

_______ 반응 2: 선생님에게 공손하게 시험에 대해 하고 싶은 말이 있다고 말씀드렸다. 첫 번째 문제에 답한 것이 맞는 것 같다고 말씀드리고, 정중하게 점수를 다시 한번 고려해 달라고 했다.

_______ 반응 3: 선생님께 가서 시험지를 내밀면서 점수가 잘못됐다고 화를 내며 말했다. 선생님께 답이 맞았으니 다시 한 번 시험지를 볼 것을 말했다.

56. 나는 신념가입니다

목표

합리적인 신념과 비합리적인 신념을 구분하는 것을 배운다.

준비물

〈나는 신념가입니다〉 신념 조각(유인물 22), 신념 조각들을 담을 봉투(충분한 양의 신념 조각들과 학생 2명으로 이루어진 조가 신념 조각을 담을 만한 크기의 봉투들), 〈나는 신념가입니다〉 분류 보드(유인물 23), 학생 수 만큼의 연필, 가위(조별 1개)

진행 절차

1. 학생들에게 신념(사실이라고 믿고 있는 의견이나 판단, 생각)의 의미에 대해 질문하면서 이 활동을 시작한다.
2. 합리적인 신념에 대해 설명한다. 즉, 합리적인 신념은 이해할 만하고, 현실에 근거하고 있고, 사람이 목적을 달성하는 것을 돕는다. 비합리적인 신념은 과잉 일반화되어 있고, 과장되고, 요구적인 특징이 있다. 또한 현실적이지도 않고, 유연하지 않으며, 사람들이 목적을 달성하는 것을 돕지 않는다.
3. 학생들을 2명씩 짝을 지어 봉투, 〈나는 신념가입니다〉 신념 조각(유인물 22), 〈나는 신념가입니다〉 분류 보드(유인물 23)를 나누어 준다. 학생들에게 신념 조각들을 읽어 보게 하고, 서로 합의점을 찾아 합리적인/비합리적인 분류 보드에 신념 조각들을 분류해 보게 한다.

토론

내용에 대한 질문

1. 합리적인 신념과 비합리적인 신념을 구분하는 데 어떤 점이 어려웠나요?
2. 비합리적으로 생각하는 것의 부정적인 결과에는 어떤 점들이 있을까요? 이야기를 나누어 보세요.

개인에게 적용하기

1. 여러분은 합리적으로 생각하는 경향이 있나요, 아니면 비합리적으로 생각하는 경향이 있나요?
2. 만약 비합리적으로 생각한다면, 친구 관계나 행동이나 평가에 어떤 영향이 있을까요?
3. 이 활동을 통해 여러분의 생활에 적용할 수 있다면 어떤 점을 배웠나요?

지도자 유의사항

학생들이 지금까지 추상적으로 생각해 왔기 때문에 어려울 수 있으므로 합리적인 신념과 비합리적인 신념을 구분하는 것을 더 쉽게 할 수 있도록 도와야 한다. 학생들의 다양한 생활에 비합리적인 신념의 영향이 어떤 것인지에 초점을 두고 토론하게 하는 것이 실제 자신의 삶의 질을 높이기 위하여 합리적인 사고를 연습하는 것이 중요하다는 점을 깨달을 수 있게 하는 데 도움이 될 것이다.

[유인물 22]

〈나는 신념가입니다〉 신념 조각

지시사항: 다음의 신념들을 조각으로 잘라서 봉투에 넣으세요. 각 조(2인 1조)에 여유 있게 줄 수 있을 만큼 만들어 주세요.

그 아이는 나를 위해서 거기에 없을걸.	내가 모든 과목을 90점이 넘지 않아도 나는 바보가 아니야.
나는 최고 그룹에 속하고 싶어.	나는 그 친구에게 다시는 말할 수 없을 거야.
그 아이들은 지금껏 만나 보지 못한 최악의 친구들이야.	그 동아리에는 못 들어갔지만 다른 동아리에는 갈 수 있을 거야.
우리 부모님은 나에게 아무것도 못하게 해.	내가 하고 있는 것은 다 잘못됐어.
난 이번 시험은 잘 보기를 원해.	감독이 내가 아니라 그 친구를 대표로 뽑은 건 정말 불공평해.
숙제가 밀려 있어. 난 절대 못해 낼 거야.	난 연극에서 그 배역을 하고 싶지 않지만, 해야만 한다면 할 수는 있지.
난 그 선생님을 참을 수 없어.	내가 하고 있는 게 그 아이들한테는 마음에 들지 않을 거야.
그 아이는 나를 짜증하게 하려고 그러는 거야.	나도 그 아이만큼 대단할 수 있었으면 좋겠어.
우리 부모님이 날 좀 더 자유롭게 내버려 두면 좋겠어.	여자(남자) 친구랑 헤어지면 내 삶은 절대로 예전처럼 다시 돌아갈 수 없을 거야.
나는 면접에서 잘하고 싶어.	나는 그렇게 달릴 수는 없지만 계속 시도하고 있어.

[유인물 23]

〈나는 신념가입니다〉 분류 보드

지시사항: 앞의 신념 조각들을 합리적인 신념과 비합리적인 신념으로 구분하여 보드에 나누어 보세요.

합리적인 신념	비합리적인 신념

[중학교 3학년 · 고등학교 1학년]

문제해결/의사결정

57. 스트레스의 신호

목표

스트레스의 신호를 알고, 그것이 의미하는 것을 배운다.

준비물

〈스트레스의 신호〉 활동지(유인물 24), 필기도구

진행 절차

1. 스트레스(상황에 압도되는 감정과 그것에 어떻게 적절하게 대처해야 할지 모르는 것)의 의미에 대해 토론하게 한다. 스트레스는 매우 일상적인 것이고, 스트레스 상황에 있을 때에는 문제해결과 의사결정을 하는 것이 어렵다는 것을 설명한다.
2. 학생들에게 〈스트레스의 신호〉 활동지(유인물 24)를 나누어 주고, 알맞은 항목에 표시하도록 한다.
3. 학생들을 4~5명씩 한 집단으로 나누고, 반응들을 이야기 나누게 한다.

토론

내용에 대한 이해

1. 스트레스의 신호를 알았나요?
2. 여러분이 다양한 신호에 표시한 것을 보고 놀랐나요?
3. 목록에 덧붙일 수 있는 여러분이 지금까지 경험했던 다른 신호들이 있나요?

개인에게 적용하기

1. 여러분이 표시한 스트레스의 수많은 신호에 대해 어떻게 느끼나요?
2. 만약 여러분이 이 수많은 신호를 자주 경험한다면, 그것은 무엇을 의미하나요?
3. 이러한 정보가 여러분에게 어떻게 유용할 것 같나요?

지도자 유의사항

학생들이 다양한 신호를 알고, 그들이 경험하고 있는 빈도가 스트레스 아래 있는 사람인지 아닌지를 결정하는 것임을 아는 것이 중요하다. 즉, 한 개의 신호를 자주 경험한다면 그것은 그렇게 걱정할 만한 것이 아닐 것이다. 몇 개의 신호를 자주, 그리고 상당한 기간 동안 경험한다면 그것은 문제가 있음을 암시하는 것이다.

[유인물 24]

〈스트레스의 신호〉 활동지

지시사항: 여러분이 얼마나 자주 이런 신호를 경험하고 있는지에 따라 해당되는 곳에 표시하시오.

1. 잠을 잘 수 없거나 너무 잔다.
   자주 그렇다 ______ 가끔 그렇다 ______ 전혀 아니다 ______

2. 평소보다 흥분을 잘하거나 변덕스럽다.
   자주 그렇다 ______ 가끔 그렇다 ______ 전혀 아니다 ______

3. 잘 안 먹거나 너무 먹는다.
   자주 그렇다 ______ 가끔 그렇다 ______ 전혀 아니다 ______

4. 약물이나 술을 점점 더 많이 한다.
   자주 그렇다 ______ 가끔 그렇다 ______ 전혀 아니다 ______

5. 갑자기 충동적으로 운다.
   자주 그렇다 ______ 가끔 그렇다 ______ 전혀 아니다 ______

6. 많은 것에 대해 걱정한다.
   자주 그렇다 ______ 가끔 그렇다 ______ 전혀 아니다 ______

7. 통제력을 쉽게 잃고, 고함을 치거나 인내력이 부족하다.
   자주 그렇다 ______ 가끔 그렇다 ______ 전혀 아니다 ______

8. 혼란스럽고 불확실하다.
   자주 그렇다 ______ 가끔 그렇다 ______ 전혀 아니다 ______

9. 두통이 생기거나 긴장을 잘한다.
   자주 그렇다 ______ 가끔 그렇다 ______ 전혀 아니다 ______

10. 주저주저하고 분별없이 행동한다.
   자주 그렇다 ______ 가끔 그렇다 ______ 전혀 아니다 ______

11. 성취하는 게 적어진다.
자주 그렇다 ______________ 가끔 그렇다 ______________ 전혀 아니다 ______________

12. 사람들과 어울리는게 어렵다.
자주 그렇다 ______________ 가끔 그렇다 ______________ 전혀 아니다 ______________

13. 지속적으로 불만스럽고, 무언가 옳지 않다는 느낌이 든다.
자주 그렇다 ______________ 가끔 그렇다 ______________ 전혀 아니다 ______________

14. 의욕도 없고, 흥미도 없다.
자주 그렇다 ______________ 가끔 그렇다 ______________ 전혀 아니다 ______________

15. 자신이나 다른 사람에게 완벽성을 요구한다.
자주 그렇다 ______________ 가끔 그렇다 ______________ 전혀 아니다 ______________

58. 무엇이 스트레스를 만드나

목표

스트레스에 기여하는 상황과 비합리적인 사고를 배운다.

준비물

종이, 필기도구

진행 절차

1. 중학교 3학년 · 고등학교 1학년을 위한 문제해결/의사결정: 활동 1(스트레스의 신호)을 검토한다. 그러고 나서 학생들에게 스트레스로 여기는 상황을 종이에 적어 보게 한다. 진학시험을 본다든지, 부모님의 싸움이라든지, 진로문제라든지, 돈이 없다든지 하는 것이 그 예가 될 것이다. 학생들에게 사례를 이야기 나누게 한다.
2. 비합리적인 사고가 스트레스에 어떻게 기여하는지 설명한다. 직업에 대한 예를 들면, 자신의 직업에 대해 스스로 불만스럽다고 생각하면 스트레스가 되고, 화가 나는 감정에 영향을 미치게 된다. '난 그런 힘든 일을 해서는 안 되는데 토요일 밤까지 일을 해야만 한다는 건 생각만 해도 끔찍한 일이야.' '일요일에 일찍 일어나야 한다는 것도 참을 수 없는 일이고, 열심히 일하지 않고도 돈을 벌 수 있어야만 해.'와 같은 생각들은 그 상황에 대해 부정적으로 느끼고 스트레스를 받게 만든다.
3. 생각을 바꾸는 것이 어떻게 감정을 바꾸고, 스트레스를 줄일 수 있는지 설명한다. 다음에 나오는 사고들과 진행절차 2번에서 토론한 부정적 사고를 비교해 본다. 예를 들어, '난 돈을 벌기를 원한다. 그러므로 토요일 밤까지 일을 하는 어려움을 참을 수 있고, 일요일에도 일찍 일어날 수 있다.' '나의 부모님이 부자라면 내가 일을 할 필요가 없어서 좋겠지만 부모님이 부자가 아니기 때문에 난 이 일에 익숙해질 수 있을 것이다.'가 될 것이다.
4. 학생들이 발견한 스트레스 요인에 대한 비합리적인 사고를 적고, 부정적인 감정의 강도와 스트레스를 줄일 수 있는 합리적인 사고들을 생각해 내도록 한다.

토론

내용에 대한 이해

1. 여러분의 스트레스 요인에 대한 비합리적인 사고를 확인할 수 있었나요?
2. 만약 그렇다면, 비합리적인 사고를 합리적인 사고로 바꾸는 것이 스트레스 요인에 어떤 영향을 미쳤나요?
3. 스트레스 요인과 비합리적인 신념의 관계는 무엇인가요?

개인에게 적용하기

1. 여러분은 부정적인 스트레스 요인을 줄이는 방법으로 합리적인 사고를 사용한 적이 있나요? 만약 그렇다면 어땠나요?
2. 이러한 전략이 여러분에게 도움이 될 거라고 생각하나요?

지도자 유의사항

합리적인 사고는 스트레스 요인의 강도를 줄이고, 스트레스가 있는 상황을 더 나은 시각에서 바라보도록 돕는 좋은 방법이다. 학생들은 스트레스 상황에 기여하고 있는 비합리적인 사고를 확인하고, 도전하는 좋은 방법을 필요로 할 것이다.

59. 스트레스 관리

목표

스트레스를 다루는 건강한 기술과 불건강한 기술을 구분하는 것을 배운다.

준비물

〈스트레스 관리〉 활동지(유인물 25), 필기도구

진행 절차

1. 스트레스를 다루는 건강한 방식과 불건강한 방식이 있다는 사실을 토론하게 한다. 학생들에게 〈스트레스 관리〉 활동지(유인물 25)를 나누어 주고, 스트레스를 다루는 기술이라고 생각되는 부분에 밑줄을 긋게 한다.
2. 학생들이 확인한 스트레스 관리 기술을 말해 보게 한다. 그것들을 칠판에 적는다. 목록을 적은 후, 건강하다고 생각되는 것과 건강하지 않다고 생각되는 것을 토론하게 한다. 그것들을 칠판에 적는다.

토론

내용에 대한 이해

1. 스트레스 관리 기술을 건강한 기술과 불건강한 기술로 어떻게 구분했나요?
2. 다른 스트레스 관리 기술을 덧붙일 수 있나요? 예를 들어 이야기 나누어 보세요.
3. 일반적으로 스트레스 하에 있는 사람들은 건강한 대처 기술을 사용한다고 생각하나요, 아니면 불건강한 대처 기술을 사용한다고 생각하나요?

개인에게 적용하기

1. 여러분은 스트레스를 다루기 위해 이러한 기술들을 사용해 본 적이 있나요? 만약 그렇다면, 건강한 기술을 사용하는 것 같나요, 아니면 불건강한 기술을 사용하는 것 같나요? 이야기를

나누어 보세요.

2. 이 활동을 통해 여러분 스스로 스트레스를 관리할 수 있는 어떤 방법을 배웠나요?

지도자 유의사항

학생들은 불건강한 스트레스 관리 기술이 그들을 더 스트레스를 받게 만들거나 다른 스트레스 상황을 만들기 때문에 자신에게 도움이 되지 않는다는 점을 이해할 필요가 있다. 건강한 기술을 사용하는 것은 새로운 문제를 만들지 않고 스트레스를 줄일 수 있다.

[유인물 25]

〈스트레스 관리〉 활동지

지시사항: 다음을 읽고, 스트레스 관리 기술에 밑줄을 그으세요.

준호는 부모님이 싸우셨기 때문에 늦게까지 상당한 스트레스를 받고 있다. 부모님이 이혼할 지도 모른다는 생각을 하고 있다. 준호의 아빠는 술을 많이 마시고, 집에 잘 들어오시지 않는다. 준호는 잠자기가 어려웠고, 설상가상으로 성적은 점점 떨어졌다. 준호는 늦게까지 친구들과 어울렸으며, 마음을 달래는 방법으로 술을 마셨다. 친구들이 준호에게 돈이 있냐고 물어볼까 봐 걱정을 하고 있었는데, 지난 주말에 돈이 없을 때 친구들이 술을 마시자고 했다. 그래서 슈퍼마켓에 가서 맥주를 훔쳤다. 준호는 술에 취해 여자 친구들과 어울렸고, 여자 친구와 얘기가 잘 안 되었다. 그러자 준호는 화가 나서 여자 친구를 때렸다. 상황은 점점 더 나빠져만 갔다. 결국 준호는 아침에 같이 조깅을 하는 친구 중 한 명에게 자신의 얘기를 털어놓았다. 준호는 잠을 좀 자야겠다는 생각에 그 친구에게 긴장 이완 훈련 테이프를 빌렸다. 어제는 학교 상담 선생님에게 가서 문제가 어떻게 진행되어 왔는지 얘기를 하였다.

60. 작용 행동/반작용 행동

목표

문제 상황에서 직면하는 작용 행동이나 반작용 행동을 구분하는 것을 배운다.

준비물

〈작용 행동/반작용 행동〉 활동지(유인물 26), 필기도구

진행 절차

1. 반작용 행동은 문제를 처리하지 않는 것이고, 작용 행동은 문제를 처리하는 것과 관련되어 있고, 문제 발생을 방지하는 단계이며, 예방적인 행동이라는 점을 강조하면서 문제 상황에 대한 작용 행동이나 반작용 행동의 의미를 토론한다.
2. 학생들을 2명씩 짝을 지어 〈작용 행동/반작용 행동〉 활동지(유인물 26)를 한 장씩 나누어 주고, 두 반응 간의 차이점을 설명할 수 있는 한 가지 예를 들어 준다(예를 들어, 서영이가 행동하기 전에 생각해 보지 않았다면 술을 마신 아이들과 자전거를 타러 갔을 것이다. 그랬다면 반작용 행동을 한 것이다). 〈작용 행동/반작용 행동〉 활동지(유인물 26)의 나머지를 완성하게 한다.
3. 전체 집단으로 하여금 반응들을 이야기 나누게 한다.

토론

내용에 대한 이해

1. 작용 행동과 반작용 행동을 구분하는 것이 어려웠나요? 이 둘 간의 차이를 어떻게 설명할 수 있을까요?
2. 사람들은 보통 문제 상황에서, 작용 행동과 반작용 행동 중 어떤 방식으로 행동한다고 생각하나요? 어떤 것이 최선이라고 생각하나요?

개인에게 적용하기

1. 여러분은 문제 상황에서 작용 행동과 반작용 행동 중 어떤 방식으로 행동하나요? 어떻게 행동하는 게 좋을까요?
2. 여러분은 특정한 상황에서 작용 행동이나 반작용 행동을 해 본 적이 있나요? 그 상황과 결과를 이야기해 보세요.

지도자 유의사항

학생들이 문제 상황을 예상해 보고 반작용 행동을 하기보다는 작용 행동을 하는 것이 보다 나은 결과를 낳는다는 것을 알 수 있다면, 학생들은 행동하기 전에 좀 더 생각해 보게 될 것이다.

[유인물 26]

〈작용 행동/반작용 행동〉 활동지

지시사항: 다음의 상황을 읽고, 만약에 그 사람이 상황에 작용 행동을 하고 있다면 'A(작용)'로, 반작용 행동을 하고 있다면 'R(반작용)'로 표시하세요.

_______ 1. 수진이는 친구들 모임에 초대되었다. 수진이는 많은 아이가 그 모임에서 술을 꽤 마시려고 한다는 것을 알았다. 그 모임에 가기는 하겠지만 그곳에 오래 있지 않고 일찍 집에 오려고 마음먹었다.

_______ 2. 영식이는 우연히 주말에 부모님이 집을 비우게 된다는 것을 듣게 되었다. 영식이는 어떤 친구에게도 이야기하지 않기로 마음을 먹었는데, 왜냐하면 친구들이 주말에 집에 놀러 와서 엉망으로 만들어 놓을까 봐 두려웠기 때문이다.

_______ 3. 다음 주에 수학 기말고사가 있다. 그런데 수요일에 친구 부모님이 주말에 나를 스키장에 데리고 가겠다며 초대하셨다. 수요일과 목요일에 수학 공부를 했어야 했는데 하지 않았다. 월요일이 되자 시험공부를 못했다는 생각에 불안했다.

_______ 4. 미나는 아르바이트로 시간을 많이 뺏겨서 공부를 잘 하지 못했다. 중간고사가 다가오는데도 주인에게 아르바이트 시간을 줄여 달라고 말을 못하고 있다.

_______ 5. 다음 주에 응원단장 면접이 있다. 서연이는 경쟁률이 상당히 높을 것이라는 것을 알고 있다. 스스로에게 응원단장에 뽑히지 않을 수도 있고, 그렇게 되지 않아도 그렇게 끔찍하지는 않을 거라고 말하고 있다.

_______ 6. 아이들이 동네를 떠들썩하게 만들기 위해 오토바이를 타고 한 바퀴 돌자고 하면, 나는 술을 마시거나 마약을 한다.

61. 해결책

목표

문제에 대한 건강한 해결책과 그렇지 못한 해결책을 구별하는 것을 배운다.

준비물

종이, 필기도구

진행 절차

1. 다음을 읽는 것으로 토론을 유도한다.

> 유나는 요즘 친구들에게 따돌림을 받는다고 느꼈다. 친하게 지내던 남자 친구가 더 이상 만나지 않겠다고 했다. 그로 인해 유나의 성적은 떨어졌고, 양상추와 떡, 다이어트 콜라만 먹으며 다이어트를 하였다. 운동을 지나치게 하면서 친구들과는 만나지 않았다.

2. 유나가 하고 있는 행동이 어떤 것이며, 문제에 어떻게 대처하는 것이 건강한 방법인지 이야기 나누게 한다. 학생들을 3~4명씩 한 집단으로 나누고, 건강한 방법이든, 불건강한 방법이든 문제를 해결할 수 있다고 생각하는 아이디어들을 내게 한다.
3. 10~12분 후에 전체 집단으로 하여금 건강한 방법과 불건강한 방법을 이야기 나누게 한다. 칠판에 반응 목록을 적는다.

토론

내용에 대한 이해

1. 여러분은 보통 문제에 건강하게 반응하나요, 아니면 불건강하게 반응하나요?
2. 여러분 나이에 더 자주 사용하는 방법은 어떤 반응이라고 보나요?
3. 문제에 반응하는 건강하지 않은 방법을 건강한 방법으로 바꾸는 것이 가능하다고 생각하나요?

4. 불건강한 방법으로 문제에 반응할 때, 장기적인 영향은 무엇이라고 생각하나요?

개인에게 적용하기

1. 여러분은 보통 문제에 건강하게 반응해 왔나요, 아니면 불건강하게 반응해 왔나요?
2. 만약 건강하지 않은 방법으로 반응해 왔다면, 여러분은 건강하게 반응하는 것이 방해하는 것이 무엇이라고 생각하나요?

지도자 유의사항

학생들이 문제 상황을 어떻게 다루느냐 하는 것은 자신이 선택하는 것이라는 점과 건강하지 않은 반응이 문제를 더 악화시킬 수 있다는 점을 깨닫는 것이 중요하다.

62. 파급 효과

목표

여러 가지 관점에 대한 고려 없이 편협하게 내린 결정이 앞으로 일어날 사건에 미칠 영향을 배운다.

준비물

없음

진행 절차

1. 중학교 3학년 · 고등학교 1학년을 위한 문제해결/의사결정: 활동 5(해결책)의 내용으로부터 문제에 대한 건강하고 불건강한 반응을 검토한다. 다음을 읽고, 결정의 파급 효과를 강조하여 설명한다.

유나는 친구들과 잘 어울리지 못했고, 남자 친구가 더 이상 만나지 말자고 했기 때문에 음식을 적게 먹고, 학교 활동에 더 이상 어떤 노력도 하지 않기로 마음먹었다. 우선, 이러한 결정들은 효과가 없었다. 체중처럼 학교 성적도 떨어졌다. 6주 후, 유나는 거의 먹지 않아 부모님이 이 문제로 유나에게 매어 있게 되었고, 유나는 자신이 운동에 집착하고 있다는 점을 발견하였다. 유나는 그 주에 방과 후 모임에서 먹은 피자 열량을 소비하기 위해 달리기를 하느라 며칠 동안 학교에 결석했다. 하지만 학교에 결석했기 때문에 방과 후 활동 금지를 당했고, 결국 방과 후 모임에 가지도 못했다. 또 학교 수업에도 뒤처져 우등생이 될 수 없었고, 부모님은 유나에게 대학에 가기 위해서는 공부를 열심히 해야 한다고 말하였다. 얼마 후, 유나는 먹는 문제 때문에 병원에 입원하게 되었다. 집을 떠나 다른 도시에 있는 병원으로 갔으며, 먹는 습관이 안정될 때까지 집에 올 수 없을 것이다.

2. 학생들에게 유나가 처음 문제를 다루기 위해 선택한 방법 때문에 일어난 일들에 대해 토론하게 한다. 적절한 때에 융통성 있게 내리는 결정이 미래의 결과에 영향을 준다는 점을 강조한다.

토론

내용에 대한 이해

1. 파급 효과란 무엇인가요? 여러분이 알고 있는 사람 중에 이런 일을 경험한 경우를 알고 있나요?
2. 파급 효과를 방지하기 위해 어떤 일을 할 수 있을까요?
3. 유나의 선택으로 파급 효과를 막을 수 있었다고 생각하나요?

개인에게 적용하기

1. 여러분이 문제해결의 시도로 한 결정 때문에 파급 효과를 경험한 적이 있나요? 얼마나 오랫동안 지속되었나요? 많은 부정적인 결과가 있었나요?
2. 여러분은 파급 효과를 막기 위해 무엇을 할 수 있나요?

지도자 유의사항

문제에 대한 건강하지 않은 해결의 파급 효과를 방지하기 위해서는 자신이 선택한 행동의 결과를 미리 생각해 봐야 한다는 점이 중요함을 강조한다.

63. 어려운 의사결정, 힘든 결과

목표

어려운 결정의 결과를 배운다.

준비물

〈어려운 의사결정, 힘든 결과〉 활동지(유인물 27), 〈어려운 의사결정, 힘든 결과〉 체크리스트(유인물 28), 종이, 필기도구, 돈, 친구, 부모님, 도덕성(커닝, 훔치기), 약물/술/담배, 학업 수행, 직업, 운동/특별 활동, 성적 관계, 기타가 씌어 있는 종이 포스터

진행 절차

1. 학생들에게 지금까지 경험한 것 중에서 반드시 결정해야 했던 가장 어려웠던 의사결정에 대해 생각해 보고 종이에 적어 보게 한다. 어려웠던 의사결정의 종류에 대해 토론하게 하고, 분류하여 적어 보게 한다. 만약 학생들이 이런 방식을 편안해 하지 않으면 〈어려운 의사결정, 힘든 결과〉 체크리스트(유인물 28)를 나누어 주고, 무명으로 어떤 종류의 의사결정이었는지 체크하게 한다.
2. 〈어려운 의사결정, 힘든 결과〉 체크리스트(유인물 28)를 완성했다면, 반응들을 살펴볼 시간을 갖고 종이에 적게 한다.
3. 이러한 어려웠던 의사결정의 결과(결정을 내리기 전에 심사숙고했는지, 결정은 긍정적 결과, 아니면 부정적 결과를 가져왔는지, 결정은 지속적인 영향을 주었는지 등)에 대해 토론하게 한다.
4. 학생들에게 〈어려운 의사결정, 힘든 결과〉 활동지(유인물 27)를 나누어 주고 완성하게 한다.
5. 소그룹에서 이야기 나누게 한다.

토론

내용에 대한 질문

1. 의사결정의 결과를 어떻게 확인했나요?

2. 여러분이 생각하기에 어떤 종류의 의사결정이 가장 어려웠나요?

개인에게 적용하기

1. 여러분이 경험했던 의사결정 중 어떤 종류의 의사결정이 가장 어려웠나요?
2. 어려웠던 의사결정의 결과가 부정적인 결과를 가져온 적이 있나요?

지도자 유의사항

학생들이 어려운 의사결정의 결과를 알도록 돕는 것이 이 시기의 학생들에게 특히 중요한데, 왜냐하면 많은 청소년이 평생 동안 영향을 미칠 만한 선택을 이 시기에 해야 하기 때문이다.

[유인물 27]

〈어려운 의사결정, 힘든 결과〉 활동지

지시사항: 지금까지 했던 어려운 의사결정이나 앞으로 해야 할 것으로 예상되는 어려운 의사결정을 다음 항목 중 5가지 정도에서 생각해 보세요. 이미 의사결정을 했다면 의사결정의 결과를 확인해 보고, 앞으로 해야 할 의사결정이라면 가능한 결과를 예상해 보세요.

1. 돈
   의사결정 ______________________________
   결과 ______________________________
2. 친구
   의사결정 ______________________________
   결과 ______________________________
3. 부모님
   의사결정 ______________________________
   결과 ______________________________
4. 도덕성
   의사결정 ______________________________
   결과 ______________________________
5. 약물/술/담배
   의사결정 ______________________________
   결과 ______________________________
6. 학업 수행
   의사결정 ______________________________
   결과 ______________________________
7. 직업
   의사결정 ______________________________
   결과 ______________________________
8. 운동/특별 활동
   의사결정 ______________________________
   결과 ______________________________
9. 성적 관계
   의사결정 ______________________________
   결과 ______________________________
10. 기타
   의사결정 ______________________________
   결과 ______________________________

[유인물 28]

〈어려운 의사결정, 힘든 결과〉 체크리스트

지시사항: 다음 종류들 중에서 여러분의 의사결정을 가장 잘 설명하고 있는 범주를 선택하여 체크하세요. (만일 두 개가 해당된다면, 그중에서 가장 적절한 의사결정을 선택하세요.)

□	1. 돈
□	2. 친구
□	3. 부모님
□	4. 도덕성
□	5. 약물/술/담배
□	6. 학업 수행
□	7. 직업
□	8. 운동/특별 활동
□	9. 성적 관계
□	10. 기타

[중학교 3학년 · 고등학교 1학년]

인간관계

64. 굉장히 화가 났을 때

목표

다른 사람에게서 느끼는 부정적인 감정이 비합리적인 신념에서 비롯된다는 것과 이러한 신념에 맞서 싸우는 것이 그런 감정의 강도를 줄일 수 있다는 것을 배운다.

준비물

종이, 필기도구

진행 절차

1. 화가 나고, 침울하고, 좌절되는 감정은 다른 사람들과 관련하여 경험되는 일반적인 감정이라는 것을 설명한다. 우리가 이러한 부정적인 감정을 경험할 때, 그러한 감정이 어디서 왔는지 알아채지 못하고 그 감정의 결과로 상황에 과장되게 행동할 수 있으며, 다소 오랜 시간 동안 어쩔 줄 몰라 하다 관계를 위험하게 할 수 있다.
2. 학생들에게 다른 사람 때문에 화가 나거나, 침울하거나, 좌절했던 상황을 종이에 적어 보게 한다. 칠판에 한 학생의 예를 적고, 부정적인 감정에 기여하는 사람이나 상황에 대한 신념을 설명한다. 예를 들어, 만약 자신의 배우자가 사 오라고 한 물건을 잊어버렸기 때문에 화가 났다면, 아마도 자신에게 그 사람은 제대로 한 적이 한 번도 없다고 말하고 있을 수 있다. 자신은 참을 수가 없고, 만일 그 사람이 자신에 대해 정말로 관심을 갖고 있다면 잊지 말았어야 하며, 자신이 항상 모든 일을 해야 하는 것은 부당하다고 생각할 수 있다.
3. 학생들이 자신의 사건과 감정 뒤에 있는 신념에 대해 토론할 수 있도록 돕는다. 만약 그러한 신념을 갖고 있지 않다고 한다면, 그만큼 부정적인 감정을 느끼지 않을 거라는 사실을 말해 준다. 학생들에게 실제 감정을 일으키는 신념에 집중하는 것이 중요한 부분이라는 점을 상기시켜 준다.
4. 몇몇 학생의 예를 듣고, 신념을 반박하는 과정을 시도한다. 설명을 해 주기 위해 앞에서 언급했던 사례를 가지고 반박하는 것을 해 보일 수 있다. 내 남편은 날 위해 쇼핑을 해 줄 정도로 관심이 없다라고 자기 자신에게 말하는 대신에, 남편이 시간이 없어서 그럴 수도 있겠다

는 점을 고려해 볼 수도 있고, 남편이 쇼핑을 하든 또는 안 하든 그것은 자신에 대한 남편의 감정과는 아무런 관련이 없다는 것을 깨닫게 될 수도 있고, 남편이 항상 잊어버리는 것은 아니다라고 자기 자신에게 말할 수도 있고, 자신이 항상 모든 일을 해야 하는 것은 아니라고 자기 자신에게 말할 수도 있다. 대개의 경우, 비합리적인 신념을 합리적인 신념으로 바꿈으로써 강력한 부정적인 감정을 보다 줄일 수 있다는 것을 강조한다.

5. 학생들을 2명씩 짝을 짓고, 서로서로 그들의 감정 뒤에 있는 비합리적인 신념을 제거할 수 있도록 돕는 도전질문을 하게 한다.

토론

내용에 대한 이해

1. 여러분의 신념에 맞서 싸운 결과는 무엇이었나요? 자신의 분노에 어떤 효과가 있었나요?
2. 여러분은 다른 사람에게 기대할 수 있는 현실이 무엇이고, 자신의 부정적인 감정에 기여하고 있고, 비합리적인 것이 무엇인지 구분할 수 있나요? (신념에 도전하는 것이 무엇이 비현실적인 것이고, 무엇이 합리적인 것인지 분명하게 해 준다.)

개인에게 적용하기

1. 여러분은 누군가로 인해 침울하거나, 화가 나거나, 좌절하게 된다면, 첫 번째 단계로 무엇을 할 것인가요? (그 사람이나 상황에 대한 비합리적인 신념을 확인한다.)
2. 그 다음에 무엇을 해야 할까요? (무엇이 합리적이고, 비합리적인지 결정하는 신념에 도전한다.)
3. 다른 사람과의 관계에 영향을 주는 이러한 절차들을 어떻게 생각하나요?

지도자 유의사항

신념과 다른 사람을 향한 부정적인 감정 간의 관계를 이해하는 것은 학생들이 자신의 분노와 좌절을 더 잘 통제할 수 있도록 돕는다.

65. 의존적인 관계와 독립적인 관계

목표

관계에서 의존적인 행동과 독립적인 행동을 구분하는 것을 배운다.

준비물

종이, 필기도구

진행 절차

1. 의존과 독립의 차이를 토론하면서 이 활동을 시작한다. 의존이란 유지나 생존을 위해 누군가에게 의지하는 것을 의미한다. 독립이란 자기 스스로에게 의지하여 유지하는 것을 의미한다. 만일 자신이 독립적이라면 일반적으로 자신의 능력에 대해 더 확신적이고, 더 자기 신뢰적이며, 자기 스스로를 더 잘 통제할 수 있을 것이다.
2. 칠판에 '의존'과 '독립'을 적는다. 학생들을 소집단으로 나누고 사람들과 관계에서 의존적인 행동과 독립적인 행동이 어떤 것이라고 생각하는지 브레인스토밍(아이디어 쏟아 놓기)하게 한다. 칠판에 이 생각들을 '의존'과 '독립'으로 분류하여 적는다. 의존적인 행동 대 독립적인 행동의 예는 다른 일을 하지 않고 누군가의 전화를 기다리며 앉아 있는 것, 또는 자기 가치에 대해 확신하지 못하기 때문에 누군가 자기를 좋아하는지 안 좋아하는지에 대해 끊임없이 질문을 하는 것이다.
3. 누군가 의존적인지 독립적인지 또는 이것이 사람이나 환경에 의존적인지 아닌지에 대해 토론하게 한다. 연속선상에서 설명하기 위해 칠판에 줄을 그은 다음, 한쪽 끝에는 '의존'이라는 단어를, 다른 쪽 끝에는 '독립'이라는 단어를 적는다. 학생들에게 종이에 줄을 긋고 다음의 영역, 즉 데이트를 하는 것, 새로운 장소에 가는 것, 새로운 사람들을 만나는 것에서 자신이 의존적인지 독립적인지를 표시하게 한다.
4. 학생들이 의존이나 독립을 표현할 수 있는 더 많은 영역을 생각해 내도록 격려한다. 학생들이 제안한 것을 연속선상에 표시하도록 한다.

토론

내용에 대한 이해

1. 독립적인 행동과 의존적인 행동을 어떻게 구분할 수 있나요?
2. 이 활동에서 의존적인 행동이 나타나는 여러 가지 방식에 대해 어떤 것을 배웠나요?

개인에게 적용하기

1. 일반적으로 여러분은 자신이 의존적이라고 생각하나요, 아니면 독립적이라고 생각하나요? 이것에 대해 어떻게 느끼나요?
2. 다른 것보다 더 어려운 영역이 있나요?
3. 어떤 유형의 행동이 여러분의 인간관계에 더 도움이 된다고 생각하나요?

지도자 유의사항

의존적인 행동과 독립적인 행동의 예를 생각함으로써 학생들은 자신이 반응하는 방법을 선택한다는 것을 알게 될 것이다. 학생들이 하고 있는 행동 유형이 얼마나 편안한지 주목해 보는 것 또한 중요하다.

66. 독립적인 행동과 신념

목표

관계에서 독립적인 행동을 방해하는 신념을 배운다.

준비물

종이, 필기도구

진행 절차

1. 독립적인 행동의 의미와 중학교 3학년 · 고등학교 1학년을 위한 인간관계: 활동 2(의존적인 관계와 독립적인 관계)에서 나온 예를 검토하는 것으로 이 활동을 시작한다. 두 가지 행동 유형을 비교하면서 환경에 따라 의존적이거나 독립적인 정도가 달라질 가능성이 있음을 설명한다.
2. 다음의 상황을 읽게 한다.

> 진희와 태수는 서로 사귀기 시작하였다. 태수는 토요일에 전화할 거라고 말했고, 그래서 진희는 친구와 쇼핑 가는 것 대신에 집에서 태수가 전화하기를 기다렸다. 오후 5시에 정훈이가 전화를 해서 진희에게 영화를 보러 가자고 했다. 진희는 정말 보고 싶었던 영화였지만 정훈이에게 못 간다고 말하고 집에 머물러 있는데, 순식간에 더 비참해졌다. 태수는 전화하지 않았다.

3. 진희의 행동은 의존적인가, 아니면 독립적인가, 진희가 집에 있는 게 도움이 됐을까 아닐까에 대해 토론하게 한다. 학생들에게 진희의 행동에 영향을 준 신념을 알아내도록 격려한다. 진희는 태수에게 인정받아야 한다고 느낄지도 모른다. 또는 만약 태수가 전화를 했는데 진희가 기다리지 않았다면, 태수가 진희에게 싫다고 했을 수도 있다. 그건 생각하고 싶지도 않은 일이다. 또한 진희는 태수가 자신의 권리를 존중하지 않는 것이라고 믿을 수도 있고, 또는 진희보다는 다른 사람이 더 중요하다고 생각할 수도 있다. 의존적인 행동 뒤에는 보통 낮은 자존감, 자기 확신의 부족, 불확실성, 또는 다른 사람이 자신을 '전부'이거나 가치 있게 여겨 주기를 원하는 생각들이 있다.

4. 학생들에게 자신이 생각하기에 의존적으로 행동했던 상황을 확인하게 한다. 학생들에게 독립적이 되도록 하는 능력을 방해하는 신념을 확인하도록 요구한다.

토론

내용에 대한 이해

1. 독립적인 행동을 방해하는 신념의 예는 무엇인가요?
2. 만약 여러분이 이러한 신념을 가지고 있다면, 이것에 대해 무엇을 할 수 있나요?

개인에게 적용하기

1. 여러분 자신의 의존적인 행동이나 독립적인 행동에 대해 얼마나 편안하게 느끼나요? 만약 불편한 게 있다면, 여러분은 무엇을 변화시키고 싶나요?
2. 만약 여러분이 변화하고 싶다면, 여러분의 신념이 어떤 역할을 한다고 생각하나요?

지도자 유의사항

학생들은 이 활동을 통해 독립적인 행동을 배울 수 있다. 만약 학생들이 방해가 되는 신념을 안다면, 자신을 방해하는 신념을 바꾸려고 노력을 할 가능성이 더 크다.

67. 인간관계의 문제 해결하기

목표

인간관계의 어려움을 다룰 수 있는 기법들을 배운다.

준비물

종이, 필기도구

진행 절차

1. 학생들을 2명씩 짝을 짓게 하고, 지난 3개월 동안 다른 사람과의 관계에서 경험한 인간관계의 문제(예를 들어, 친구, 부모님, 선생님, 아르바이트하는 곳의 주인과의 문제)를 간단히 이야기 나누도록 한다.
2. 학생들에게 이런 어려움의 예를 들어 발표하도록 한다. 그것들을 다음과 같은 범주, 즉 친구, 부모님, 양부모, 형제, 고용주, 선생님/교장 선생님, 경찰 등으로 나누어 칠판에 적는다. (칠판에 적은 범주 외에 다른 뚜렷한 문제가 있는 경우 범주를 추가하여 적는다).
3. 학생들에게 그러한 어려움을 해결하기 위해 사용했던 방법들을 생각해 내도록 격려한다. 어떤 방법이 문제를 해결하는 데 가장 유용한 것인지 결정할 수 있도록 돕기 위해서 학생들이 반응했던 방법들 옆에 대안반응들을 적는다.
4. 모든 생각이 나온 다음에 제안된 방법들의 전후로 돌아가 토론하면서 학생들이 다양한 대안의 결과를 평가할 수 있도록 돕는다.

토론

내용에 대한 이해

1. 어떤 대안이 여러분에게 가장 실행 가능한가요?
2. 이 활동을 통해 어떤 방법이 한 가지 유형의 문제뿐 아니라 다른 문제에도 유용한가요? 왜 그런 것 같나요?

3. 인간관계에서의 차이를 해결하기 위한 방법이 항상 있다고 생각하나요?

개인에게 적용하기

1. 어떤 대안이 여러분에게 가장 유용한가요? 어떤 대안이 유용하지 않나요?
2. 이 활동을 통해 인간관계 문제를 해결하기 위해 노력해 볼 만한 새로운 대안을 배웠나요? 이야기 나누어 보세요.

지도자 유의사항

인간관계에서 경험하는 갈등을 해결하기 위한 대안을 이해하는 것은 학생들에게 일어난 문제를 좀 더 효과적으로 다룰 수 있도록 도와줄 것이다.

68. 인간관계 변화시키기

목표

다른 사람과의 관계는 시간이 흐르면서 변화한다는 것을 배운다.

준비물

〈인간관계 변화시키기〉 활동지(유인물 29), 필기도구

진행 절차

1. 학생들에게 활동의 목표를 설명한 후에 〈인간관계 변화시키기〉 활동지(유인물 29)를 나누어 준다. 지시사항을 읽은 후에 개인적으로 활동지를 완성하도록 한다.
2. 활동지가 완성되면, 학생들을 3~4명씩 한 집단으로 나누어 다른 사람과의 관계를 변화시킬 수 있는 방법들을 이야기 나누게 한다. 15분 후에 내용에 대한 이해와 개인에게 적용하기의 질문들을 토론하도록 다시 새로운 집단으로 나눈다.

토론

내용에 대한 이해

1. 여러분의 인간관계를 변화시켰던 방법은 어떤 것인가요?
2. 이러한 변화가 어떤 종류의 인간관계(남자 친구/여자 친구, 가장 친한 친구, 부모님 등)인지에 따라 달라지나요? 그런 사람과 얼마나 오랫동안 알아 왔나요?

개인에게 적용하기

1. 여러분이 다른 사람과 관계를 변화시키는 데 사용했던 방법에 대해 어떻게 느끼나요?
2. 여러분은 인간관계가 영원히 똑같은 상태로 남아 있는 게 가능하다고 생각하나요? 전혀 변화하지 않는 관계를 경험한 적이 있나요?
3. 여러분은 인간관계를 변화시키려고 해 본 적이 있나요? 경험이 있다면, 어떻게 해서 무슨

일이 일어났나요?

4. 인간관계의 변화로 일어난 긍정적인 결과는 무엇인가요?

지도자 유의사항

변화는 피할 수 없는 것이지만, 이 시기의 학생들은 그대로 남아서 그 관계를 유지시키고 싶어 할 것이다. 학생들이 부정적인 결과와 긍정적인 결과 모두를 알 수 있도록 돕는다. 변화의 긍정적인 측면은 어떤 집단에 자신이 소속되지는 않지만 새로운 사람들을 만나게 된다는 점, 또는 부모와 다른 사람들로부터 독립을 얻게 된다는 점이다.

[유인물 29]

<인간관계 변화시키기> 활동지

지시사항: 여러분이 관계하고 있는 사람들을 생각해 보세요. 왼쪽 칸에는 수년 동안 관계해 온 사람들의 이름을 적으세요. 또한 그 사람들이 여러분과 어떤 관계(사촌, 친구, 부모님 등)인지도 적으세요. 오른쪽 칸에는 수년 동안 관계를 변화시키는 방법을 한두 가지 적으세요.

	이름/자신과의 관계	(인간) 관계를 변화시키는 방법
16~17년		
12~15년		
8~11년		
4~7년		
1~3년		
1년 이하		

69. 나는 원한다, 나는 요구한다

목표

다른 사람의 가치, 신념, 그리고 행동과 관련된 요구와 바람을 구분하는 것을 배운다.

준비물

다양한 활동과 관련된 사람들의 잡지 사진(스포츠를 하는 사람들, 춤추는 사람들, 사회활동을 하는 사람들, 담배를 피는 사람들, 술을 마시는 사람들, 교회에 가는 사람들 등), 〈나는 원한다, 나는 요구한다〉 활동지(유인물 30), 종이, 필기도구

진행 절차

1. 학생들을 네 집단으로 나누고, 각 집단에 잡지 사진을 나누어 준다. 집단원은 사진을 보고 토론한 후에 집단의 리더가 그 활동이 무엇인지, 그 활동에 대한 가치와 신념을 무엇이라고 생각하는지 적는다. 예를 들어, 만약 운동을 하는 사진이라면, 그 일의 가치는 신체 운동이거나 스포츠 놀이이거나 경쟁에 대한 애착일 수 있다.
2. 각 집단은 사진에 의해 설명되는 신념이나 가치의 예를 발표한다.
3. 집단원에게 사진을 둘로 나누게 한다. 하나는 자신과 유사한 가치를 표현하는 것이고, 다른 하나는 자신과 다른 가치를 표현하는 것이다. 예를 들어, 유사한 가치는 옷 입는 것을 즐기는 것과 유행이 될 수 있다. 다른 가치는 술을 마시는 것이다. 학생들에게 자신과 다른 가치를 지닌 사람에게 어떻게 반응할지 토론하게 한다.
4. 각 집단은 자신과 다른 가치를 가지고 있는 사람에게 반응하는 방법(예를 들어, 그들을 무시한다. 어울리지 않는다. 그들을 고치려고 한다)을 생각해 낸다. 가치가 다르다는 것을 강조하는 것은 종종 딜레마를 만들고, 때때로 사람들은 다른 사람에게 변화를 요구하기도 하고, 어떤 때에는 다른 사람들이 자신과 같은 가치를 가졌으면 하고 단지 바람을 가질 수도 있다.
5. 〈나는 원한다, 나는 요구한다〉 활동지(유인물 30)를 학생들에게 나누어 주고, 딜레마를 소집단에서 토론하게 한다.

토론

내용에 대한 이해

1. 여러분이 가치 있게 여기지 않았던 일뿐 아니라 가치 있게 여겼던 일을 확인할 수 있었나요?
2. 딜레마에서 다른 가치에 대해 여러분이 무언가를 하도록 영향을 미치는 요인은 무엇인 것 같나요?
3. 여러분이 누군가의 가치를 변화시키고자 하는 정도에 영향을 미치는 것은 무엇인가요?

개인에게 적용하기

1. 이 활동을 통해 여러분의 가치에 대해 무엇을 알게 되었나요? 무엇을 배웠나요?
2. 여러분의 유형은 어떤 것인가요? 다른 사람을 변화시키려고 하나요? 단지 그의 가치가 달라졌으면 하고 바라나요? 누군가 가치 있게 생각하는 것을 바꿀 수 있다고 생각하나요?

지도자 유의사항

학생들에게 누군가의 가치를 변화시키려고 하든, 하지 않든 그것은 자신이 그 가치에 대해 얼마나 강하게 느끼고 있는가에 달려 있다는 점을 알 수 있도록 돕는다. 누군가의 가치가 무엇인지 분명히 아는 것과 다른 사람들은 다른 신념을 가질 수 있다는 것을 인식하는 것은 필수적이다.

[유인물 30]

〈나는 원한다, 나는 요구한다〉 활동지

지시사항: 다음 딜레마에 대해 토론하세요.

1. 나는 교회에 열심히 헌신하는 사람이다. 믿음은 힘든 경험을 극복할 수 있도록 돕는다고 생각한다. 그런데 데이트를 하기 시작한 사람은 이러한 신념을 갖고 있지 않다. 어떻게 할 것인가?

2. 나는 보통 때는 잘 어울리지 않는 사람들의 모임에 초대 받았다. 그들이 술을 마시고 운전을 할 것을 알고 있고, 나는 그렇게 행동하는 것이 옳지 못하다는 강한 신념을 가지고 있다. 그럼에도 불구하고, 그 모임에 가고 싶다. 어떻게 할 것인가?

3. 이성 친구가 자신에게 밤새워 같이 놀자고 말한다. 그렇게 하려면 부모님에게 거짓말을 해야 할 것이고, 아마도 내가 불편하게 느낄 신체 접촉이 있을 것이다. 어떻게 할 것인가?

4. 우리 반의 한 아이가 정말 어렵다고 소문난 역사 과목의 중간고사 문제와 답을 알고 있다고 했다. 나의 가장 친한 친구가 답안지를 보았다. 나는 부정행위를 하면 안 된다고 생각하기 때문에 걱정이 되고, 친한 친구가 들킬까 봐 두렵다. 어떻게 할 것인가?

70. 집단 규범

목표

집단 규범을 알아보고, 그 규범이 건강한지 아닌지 평가하는 것을 배운다.

준비물

신문지(집단별 최소 1장), 마커펜

진행 절차

1. 학생들에게 학교나 가정이나 친구관계에서 규범을 어떻게 정의할 수 있는지 질문하면서 이 활동을 시작한다. 규범은 따르고 있는 표준이나 양식이고, 규칙과는 다르다는 설명을 하면서 규칙과 규범의 차이에 대해 토론한다. 예를 들어, 가정에서의 규칙은 숙제를 마칠 때까지는 전화통화를 할 수 없지만, 규범은 평상시 전화통화가 가능하다는 것이다.
2. 학생들을 3명씩 한 집단으로 나누고, 집단별로 신문지와 마커펜을 나누어 준다. 집단별로 집, 학교, 스포츠 · 음악 · 드라마 · 종교 활동, 친구 · 친척 · 형제 관계에서 따르고 있는 각각의 규범에 대해 알아보게 한다.
3. 각 집단별로 자신들의 생각을 이야기 나누게 하고, 다른 집단에서 나온 추가적인 결과(의견)를 얻게 한다.

토론

내용에 대한 질문

1. 주제와 관련된 규범을 알아보는 데 얼마나 어려웠나요?
2. 여러분의 사례에서 규범과 규칙이 달랐나요? 이러한 규범이 인간관계에 어떤 영향을 미치나요?
3. 여러분이 발견한 규범이 여러분이 생각하기에 건강하고 합리적인가요, 아니면 불건강하고 비합리적인가요?

개인에게 적용하기

1. 앞의 주제에 제시된 규범의 사례들을 얼마나 많이 발견했나요?
2. 이러한 규범 중 불편해서 바꾸기를 원하는 것이 있나요? 만약 그렇다면, 어떻게 바꿀 수 있나요?
3. 이 활동에서 도움이 될 수 있는 규범과 규칙의 차이에 대해서 무엇을 배웠나요?

지도자 유의사항

많은 학생이 규범과 규칙을 구분하지 못하고, 불건강한 규범을 바꿀 수 있다는 점을 깨닫지 못하고 있다. 따라서 정확하게 이해하고 있는지 확인이 필요하다.

Rational Emotive

Behavior Therapy

중·고등학생용 REBT를 활용한 정서교육 프로그램 2 **PART 03**

고등학교 2·3학년

Rational Emotive Behavior Therapy

[고등학교 2 · 3학년]

자기수용

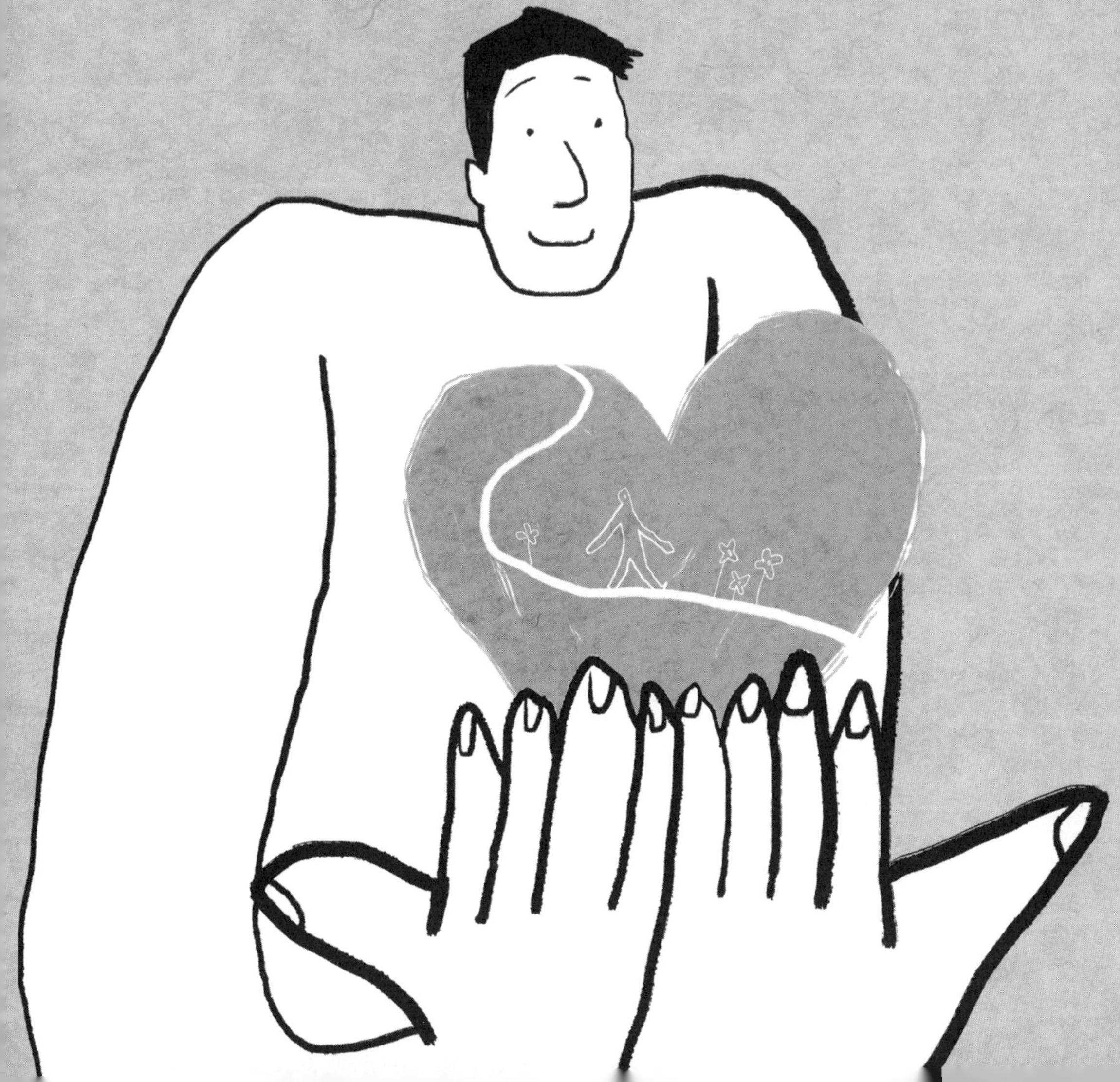

71. 할 수 없다, 하지 않겠다

목표

'나는 할 수 없어.'라는 사고에 도전하도록 배운다.

준비물

〈할 수 없다, 하지 않겠다〉 목록표(유인물 31)

진행 절차

1. 다음의 문장을 칠판에 쓴다.

• '나는 그것을 피할 수 없어.' • '나는 그것을 할 수 없어.' • '나는 갈 수 없어.' • '나는 하고 싶지만 할 수 없어.' • '나는 그것을 피할 수 없어(이것이 내가 일반적으로 느끼는 방식이다.).'

2. '할 수 없다(어떤 것을 할 수 없는 무능력 또는 힘의 결핍과 상황에 대한 통제의 결핍)'가 무엇을 의미하는가를 정의하고, 학생들이 어느 상황에서 이러한 문장이나 이와 비슷한 문장을 사용하는지를 토론한다. 자신이 할 수 없다고 말하는 것이 실제로 상황이나 느낌에 대해 통제할 수 없음을 의미하는지, 아니면 자신이 어떤 것을 하지 않기로 선택한다는 것을 의미하는지를 말해 보게 한다.
3. 학생들로 하여금 '나는 할 수 없어.'라는 사고의 예를 이야기 나누어 보게 하고, "나는 할 수 없어."라고 말할 때, 어떤 일이 어떤 상황 하에서 불가능하다는 의미인지, 혹은 어떤 사람이 그 일을 하지 못하게 막는다는 의미인지, 또는 자신이 단지 시도하기를 원하지 않는다는 의미인지를 확인하게 한다. 학생들이 상황이나 자신의 능력에 대하여 자기 자신에게 어떻게 말하는가와 '나는 할 수 없어.'라고 말하는 횟수 간의 관계를 강조한다.
4. 〈할 수 없다, 하지 않겠다〉 목록표(유인물 31)를 나누어 주고, 학생들을 3명씩 한 집단으로

나누어 A, B, C의 역할을 맡도록 한다. A는 문장을 읽고, B는 "나는 할 수 없어."로 대답하고, C는 "나는 하지 않을 거야."로 대답한다. 그 후, 할 수 없다와 하지 않겠다라는 대답에서 어떤 느낌을 받았는지 이야기 나누어 보게 한다.

토론

내용에 대한 이해

1. 상황에 대한 반응에서 '나는 할 수 없다.'라고 생각했나요, 아니면 '나는 하지 않겠다.'라고 생각했나요? 이 두 대답 간의 차이점은 무엇인가요?

개인에게 적용하기

1. "나는 할 수 없어."라고 말할 때, 여러분은 무슨 의미로 이렇게 말하였나요? 실제로는 '나는 하지 않을 거야.'라는 의미이면서 이렇게 말하지는 않았나요?
2. '나는 할 수 없어.'라는 사고는 어떤 대가를 지불하게 하나요?
3. 한 개인으로서 보다 힘 있게 느끼는 것과 '나는 할 수 있어.'라는 마음가짐 사이에는 어떤 관계가 있나요?

지도자 유의사항

학생들은 자신이 실제로 할 수 없는 것이 무엇이며, 또한 상황이나 자신의 능력에 대해 스스로에게 부정적으로 말함으로써 못하도록 막는 것이 무엇인지를 구별할 수 있어야 한다. 때때로 "나는 할 수 없어."라고 말하는 것은 실패할지 모를 위험을 피하려는 한 방법이다.

[유인물 31]

〈할 수 없다, 하지 않겠다〉 목록표

지시사항: A는 다음 문장을 읽으세요. 그러고 나서 B는 "나는 할 수 없어.", C는 "나는 하지 않을 거야."라고 말하세요.

1. 영화 보러 가자.
2. 감정을 숨기지 말고 그대로 드러내 봐.
3. 어디 끝까지 계속해서 화내 봐라.
4. 우리 술에 취해 보자.
5. 저 셔츠를 함께 훔치자.
6. 그 여학생에게 전화를 걸어서 밖으로 불러내라.
7. 가고 싶지 않으면 데이트를 취소해 버려.
8. 시험에서 부정행위를 해 봐라.
9. 데이트 약속에 나가지 말고 그 사람을 바람맞혀라.
10. 비밀을 숨기지 말고 털어나 봐.

72. 침체되고 부정적인 사고

목표

우울로 이끄는 부정적이고 자기 비하적인 사고에 도전하는 능력을 배운다.

준비물

없음

진행 절차

1. 우울의 징후를 설명하면서 이 활동을 시작한다. 슬프게 느끼는 것, 미래에 대해 낙담하는 것, 실패처럼 느껴지는 것, 어떤 것으로부터 많은 만족을 얻지 못하는 것, 사람과 사건에 흥미를 잃는 것, 평소만큼 생산적이지 않은 것, 집중하기 어려운 것, 평소보다 더 많이 우는 것, 자살충동을 느끼는 것 등이 우울의 증후이다. 이러한 우울의 징후 중 몇 개를 어느 시기에 잠시 경험하는 것과 많은 징후를 오랜 기간 동안 지속적으로 경험하는 것 간의 차이점을 강조한다. (후자는 전문적 도움이 필요한 때이다.)
2. 학생들로 하여금 자신의 우울 경험을 이야기 나누게 하고, 우울에 대처하기 위해서 무엇을 하였는가를 설명하게 한다. 우울을 건강하지 못한 방법으로 대처하면 더 큰 문제로 이끌 수 있다는 점을 지적하면서, 건강한 방법으로 대처하는 것의 중요성을 강조한다.
3. 칠판에 '시험보기'라는 문구를 쓴다. 학생들을 두 집단으로 나누어 한 집단은 시험을 치르는 것에 대해 자신이 우울하게 느끼고 있다고 상상하게 한다. 다른 집단은 우울하지 않다고 상상하게 한다. 우울한 집단으로부터 자신의 생각이 무엇인지를 이끌어 내게 한다. 이것들을 칠판에 적는다. 우울하지 않은 집단에게도 동일하게 진행한다.
4. 두 집단에서 나온 생각을 함께 토론한다. 우울로 이끄는 의기소침한 사고('나는 어리석어' '나는 시험에 결코 통과할 수 없어' '내가 하는 모든 것은 가치가 없어' 등)는 아마도 자기 비하성과 관계가 있을 것이다. 아마도 자신이 이전에 이루었던 긍정적인 성취를 평가절하시키거나, 자신이 하는 것을 다른 사람이 하는 것보다 열등하게 여길 수도 있다.
5. 학생들을 4~5명씩 한 집단으로 나누어, 자신을 우울하게 했던 상황과 자신의 우울한 감정

뒤에 있었던 부정적인 사고의 예를 이야기 나누게 한다. 이러한 경험과 사고를 더 큰 집단에서 이야기 나누게 한다.

6. 다음과 같은 질문을 자신에게 함으로써 자기 비하적인 사고에 도전한다는 개념을 소개한다. 학생들로 하여금 그들이 이야기 나누었던 예에서 부정적인 사고에 도전하는 연습을 하게 한다.

- '내가 이 시험에서 실패한다면, 나는 정말 어리석은 것인가?'
- '내가 이 시험에서 실패한다면, 그것이 내가 이 교실에서 가치 있는 어떤 것도 한 적이 없다는 것을 의미하는가?'
- '내가 이 시험에서 실패하고 다른 사람들은 통과한다면, 그것이 내가 그들보다 열등하다는 것을 의미하는 것인가?'

토론

내용에 대한 이해

1. 우울한 감정과 자기 비하적인 대화 사이에는 어떠한 연관이 있나요?
2. 자기 비하적인 사고에 대해서 무엇을 할 수 있나요?

개인에게 적용하기

1. 상황에 대해서 우울함을 느꼈을 때, 여러분 자신을 비하한 적이 있나요? 자기 비하적인 사고에 도전한다는 개념은 미래 상황에서 여러분을 어떻게 도울 수 있을까요?

지도자 유의사항

낮은 자아 존중감은 많은 청소년 문제에서 근본적인 원인이 된다. 자기 비하적인 사고를 인식하고, 그것에 도전하는 것을 배우는 것은 학생들로 하여금 어려운 상황에 대처할 수 있도록 도움을 줄 것이다.

73. 개인적 힘

목표

인생의 다양한 상황에 대한 반응을 통제하기 위해서 개인적 힘을 발휘하도록 배운다.

준비물

종이, 필기도구

진행 절차

1. 칠판에 '힘(통제나 권위, 영향력의 소유)'을 쓰고 그것이 의미하는 바를 함께 토론한다. 어떤 학생들은 힘의 부정적인 의미에 초점을 맞출 수 있는데, 이 경우에 힘은 겁을 주거나 억압하기 위해서 사용된다. 힘은 또한 생산적이고 긍정적으로 사용될 수 있다는 점을 강조한다. 우리가 상황을 통제하는 데 개인적 힘을 발휘할 때, 우리는 상황에서 무엇이 일어나고 있는지 잘 알게 되고, 자신감을 갖게 된다. 또한 우리가 내린 결정에 대해서 더욱 긍정적으로 느끼게 된다.
2. 학생들에게 다음의 상황을 종이에 적게 한다.

데이트 신청 받기, 위원에 선출되기, 회원 자격 얻기

   이러한 상황에서는 다른 사람들이 결정을 내리기 때문에 우리는 이러한 상황에서 많은 힘을 갖지 못하는 것으로 생각할 수 있다. 그러나 우리가 다른 사람들을 통제할 수 없는 것이 사실이라 할지라도, 우리는 개인적 힘을 발휘할 수 있다. 예를 들어, 데이트 신청 받기에서 자신은 거절할 수 있는 권리를 가지며, 만약 자신이 원한다면 다른 사람에게 데이트 신청을 할 권리를 갖는다. 또한 자신의 생각을 통제할 수 있는 힘을 가지므로 자신이 데이트를 신청 받는가 혹은 받지 못하는가에 고민하지 않게 되고, 또는 신청 받지 않았다 하여도 세상이 끝이라는 생각을 하지 않게 된다. 앞에 기술한 나머지 두 상황에서 어떻게 개인적 힘을 발휘할 수 있을지, 그 방법을 학생들로 하여금 밝혀 보게 한다.
3. 학생들에게 개인적 힘을 발휘하지 않았던 두 상황과 발휘했던 두 상황을 생각해 내어서 종

이에 적게 한다. 학생들에게 2명씩 짝을 지어 그것들에 대해 이야기 나누게 한다.

토론

내용에 대한 이해

1. 개인적 힘을 행사해 보았던 상황에 대해서 떠올려 볼 수 있나요?
2. 개인적으로 할 수 있는 것은 무엇인가, 혹은 개인적으로 할 수 없는 것은 무엇인가라는 점에서 볼 때, 힘이라는 단어를 어떻게 정의 내릴 수 있을까요?

개인에게 적용하기

1. 여러분은 개인적 힘을 가능한 한 많이 사용하려는 경향이 있나요?
2. 개인적 힘을 행사하지 못하도록 여러분을 막는 것은 무엇인가요? 이러한 장애물을 극복하기 위해서 여러분이 할 수 있는 것은 무엇인가요?
3. 더욱 힘 있는 사람이 되도록 도움을 줄 이 활동으로부터 무엇을 배웠나요?

지도자 유의사항

많은 청소년은 자기 자신을 무력한 존재로 본다. 따라서 그들 스스로가 사건에 영향을 줄 수 있고, 또한 자신의 생각과 행동에 대해 개인적 통제를 발휘할 수 있다는 것을 깨달을 수 있도록 돕는 것이 중요하다.

74. 자기 비하를 피하기

목표

부정적인 상황에 직면했을 때 자기 비하를 피하는 방법에 대해서 배운다.

준비물

종이, 필기도구

진행 절차

1. 학생들에게 다음의 사건을 적게 한다.

• 임신(또는 임신 시키기)	• 운동이나 연주
• 웅변 등에서의 형편없는 수행	• 대학입시에서의 낙방
• 법적인 문제로 인해 곤경에 처함	

각 사건에 대해서 스스로에게 무슨 말을 하게 될 것 같은지 한 가지씩 생각하게 한다. 특히 자아 가치감과 관련된 메시지에 대해서 생각해 보도록 요구한다. 예를 들어, 자신이 법적인 문제로 곤경에 처해 있다면, 자신은 실패하게 돼 있다고 생각하거나 혹은 자신을 못난 사람이라고 생각할 것이다.

2. 일단 이러한 부정적인 메시지가 확인되면, 학생들에게 실례를 이야기 나누게 한다. 학생들은 아마도 소집단(3~4명)에서 이야기를 나눈 후에 그 예를 더 큰 집단에 소개하는 것을 편안하게 느낄 것이다.
3. 학생들이 이러한 사건과 자기 가치감 사이에는 아무런 관련이 없다는 것을 깨달을 수 있도록 도와준다. 예를 들어, 대학입시에서 낙방한 것은 실망스러운 일이지만, 그것은 자신이 어리석거나 못났다는 의미는 아니다. 그것은 자신이 더 열심히 공부했더라면 더 좋은 성적을 받을 수 있었다는 의미일 수 있으나, 자신이 형편없는 사람이라는 것을 의미하는 것은 아니다.
4. 학생들에게 자신을 비하하게 하는 부정적인 상황의 예를 짝과 함께 이야기 나누게 한다. 짝

은 서로에게 자신이 무엇을 하는가가 자신이 누구인지를 결정하는 것이 아니라는 것을 깨닫도록 도와주며, 또한 부정적인 자기 평가를 피하는 것이 중요하다는 것을 깨닫도록 도와준다.

토론

내용에 대한 이해

1. 부정적인 상황에 직면했을 때, 여러분 자신을 비하한 적이 있나요?
2. 단지 부정적인 어떤 일이 일어났기 때문에 여러분이 가치 없는 인간이라고 생각되나요?

개인에게 적용하기

1. 이 다음에 어떤 상황에 대해서 스스로에게 혹독하게 구는 여러분을 발견할 때, 여러분은 무엇을 할 수 있을까요?
2. 오늘 배운 것을 여러분 자신이나 다른 사람의 삶에서의 사건에 어떻게 적용할 수 있을까요?

지도자 유의사항

자아 존중감이 낮은 학생들은 사건에 비추어서 자기 자신을 평가하려는 경향이 있다. 이러한 잘못된 생각을 학생들이 깨달을 수 있도록 돕는 것이 중요하다.

75. 자기 가치감

목표

자기 가치감이 낮은 사람의 특성을 배운다.

준비물

〈자기 가치감〉 체크리스트(유인물 32), 필기도구

진행 절차

1. 자기 가치감(자신의 개인적 주체성에 부여하는 가치)의 의미를 토론함으로써 이 활동을 시작한다. 자기 가치감은 우리에 대한 다른 사람의 평가나, 우리가 입는 옷이나, 우리가 타는 자동차나, 우리가 관련 맺고 있는 사람들로부터 나오는 것이 아님을 강조한다. 사람들이 자기 자신에 대하여 기분 좋게 느낄 때, 자기 가치감을 강화하는 방식으로 행동한다는 것을 강조한다.
2. 학생들에게 자기 가치감을 낮게 느끼는 사람이라고 생각되는 어떤 사람을 대상으로 하여 〈자기 가치감〉 체크리스트(유인물 32)에 표시하게 한다. 목록의 특성 중 어느 것이 그 사람과 부합되는가?
3. 학생들에게 자기 자신에게 속하는 문항에 표시하게 한다. 만약 자신의 경험에 대하여 이야기 나누고 싶지 않다면, 이야기하지 않아도 된다는 점을 강조한다.

토론

내용에 대한 이해

1. 낮은 자기 가치감에 대하여 무엇을 배웠나요?
2. 체크리스트에 있는 특성 중에서 동감하지 않는 것이 있나요? 또는 추가되어야 할 것으로 느껴지는 다른 특성이 있나요?

개인에게 적용하기

1. 여러분은 이러한 특성 중 어느 것을 경험하고 있나요? 이러한 특성은 여러분의 인생에 어떤 영향을 주나요? (학생들은 자신이 원하는 대로 이 정보를 자진해서 제공하거나 제공하지 않을 수 있다.)

지도자 유의사항

학생들이 낮은 자기 가치감과 관련된 개인적 특성을 나누는 것을 편안하지 않게 느낀다 할지라도, 단지 이러한 정보에 접하게 되는 것만으로도 그들에게 도움이 될 것이다. 학생들에게 오늘 사용한 유인물을 다음 시간에 가져오게 한다.

[유인물 32]

〈자기 가치감〉 체크리스트

지시사항: 여러분이 아는 어떤 사람에게서 보이는 특성 옆에는 ∨표시를 하고, 여러분 자신에게서 보이는 특성 옆에는 × 표시를 하세요.

_______ 1. 자신이 다른 사람에게 받아들여지지 않는다고 여기면서, 주변 상황이나 인간관계에서 편안하게 잘 어울리지 못하는 자신을 부적절하다고 느낀다.

_______ 2. 자신이 해온 일들로 인해 스스로를 못났다고 여기면서, 자신이 더 많은 것을 더 잘해야 한다는 생각으로 죄책감을 느낀다.

_______ 3. 지나간 사건이나 자신의 과거 행동에 사로잡혀 스스로를 수치스럽게 느낀다.

_______ 4. 과거에 대한 후회를 극복하지 못하고, 행복해지거나 보람된 삶을 살기에는 너무 늦었다고 여기며 슬픔에 잠긴다.

_______ 5. 스스로를 못난 존재라고 믿으며, 그렇다면 왜 살아 있어야 하는가라고 질문하며 자살을 생각한다.

_______ 6. 스스로를 가치 없는 존재라고 믿으며, 그렇다면 왜 자신의 몸을 소중하게 여겨야 하는가라고 질문하며 폭식증 또는 거식증의 섭식장애를 보인다.

_______ 7. 스스로를 중요하지 않은 존재라고 여기며, 그렇다면 왜 자신을 가치 있게 여겨야 하는가라고 질문하며 흡연, 음주, 약물 등을 남용한다.

76. 자기 자신을 긍정하기

목표

자기 가치감을 높이기 위해 긍정적인 확언을 사용하도록 배운다.

준비물

〈자기 가치감〉 체크리스트(유인물 32), 종이, 필기도구

진행 절차

1. 고등학교 2 · 3학년을 위한 자기수용: 활동 5(자기 가치감)에서 살펴본 낮은 자아 존중감의 특성을 검토하면서 이 활동을 시작한다. 자신이 스스로에게 주는 메시지를 조사함으로써 낮은 자아 존중감을 극복할 수 있다는 점을 언급한다. 자아 존중감이 낮은 사람은 자신이 쓸모없고, 중요하지 않으며, 자신이 하는 일이 잘 될 리가 없다는 등의 말을 스스로에게 자주 한다. 학생들에게 이외에 다른 낮은 자아 존중감 메시지를 예로 들어 보게 한다. 그것들을 칠판에 적는다.
2. 학생들에게 토론되었던 낮은 자아 존중감 메시지 중 하나를 선택하게 하여 그것을 종이에 적게 한다. 그러고 나서 그 메시지의 반대를 생각하게 하고, 그것도 종이에 적게 한다. 예를 들어, 낮은 자아 존중감 메시지가 '나는 결코 제대로 일을 할 수 없어.'라면, 그것의 반대는 '나는 일을 제대로 잘할 수 있어.'가 될 것이다. 학생들을 4~5명씩 한 집단으로 나누든지 혹은 전체로 모여서이든 학생들에게 예를 들어 이야기 나누게 한다.
3. 확언(자신의 가치를 타당화하기 위해서 스스로에게 긍정적으로 말하는 것)의 의미를 토론한다. 다음과 같은 확언의 예를 이야기 나눈다.

- '나는 중요한 사람이야.'
- '나는 특별한 사람이야.'
- '나는 좋은 아이디어를 많이 갖고 있어.'
- '나는 다른 사람에게 소중한 존재야.'

- '나는 함께하기에 즐거운 사람이야.'
- '나에겐 능력이 있어.'

이러한 확언을 거울에 붙이거나, 오디오테이프에 녹음해 들으면서 매일 기억할 수 있게 한다. 종종 우리 사회는 우리에게 힘과 용기를 북돋아 주는 편은 아니라는 사실과 우리는 긍정적인 메시지보다는 부정적인 메시지를 더 많이 듣는다는 사실을 강조한다.

토론

내용에 대한 이해

1. 긍정적인 메시지를 생각하는 데 어려움이 있었나요?
2. 여러분은 자신에게 긍정적인 메시지를 더 많이 주나요, 아니면 부정적인 메시지를 더 많이 주나요?

개인에게 적용하기

1. 여러분은 확언을 사용한 적이 있나요? 만약 있다면, 어떠한 경험을 하였나요? 확언은 여러분을 더욱 긍정적으로 보도록 만드는 좋은 방법인가요?
2. 만약 여러분 자신을 심하게 혹평한다면, 그것은 무슨 목적 때문인가요? 확언을 사용하는 것이 이러한 경향을 피하도록 만드는 한 방법이 될 수 있다고 생각하나요?

지도자 유의사항

확언은 학생들에게 자기 자신을 현재뿐만 아니라 미래에서도 더욱 긍정적으로 볼 수 있도록 함으로써 낮은 자아 존중감을 극복하게 하는 한 방법이다.

77. 나는 나다

목표

현실적인 자기 수용을 하도록 배운다.

준비물

종이, 필기도구, 전지, 마커펜, 〈나는 나다〉 활동지(유인물 33)

진행 절차

1. 학생들에게 자신이 개인적으로 알거나 동경하고 있는 가장 아름답고, 재능이 있고, 유능한 한 사람(영화배우, 정치지도자 등)을 생각해 보게 하면서 이 활동을 시작한다. 학생들에게 그 사람을 연상시키는 특성을 종이에 적도록 한다.
2. 학생들에게 (동경하는 개인의 이름은 쓰지 않고) 그들의 특성을 전지에 함께 적도록 한다.
3. 학생들이 그렇게 대단하게 (종종 완벽하다고까지) 생각하는 이 사람들을 자기 자신과 비교하는 일이 얼마나 현실적인지를 토론하게 한다. 이러한 유형의 비교는 결과적으로 실망과 자기 비하를 야기한다는 사실을 강조한다.
4. 〈나는 나다〉 활동지(유인물 33)를 학생들에게 나누어 주고 완성하게 한다.
5. 또래 청소년들을 초대하여 학생들의 응답을 소집단에서 토론하게 한다.

토론

내용에 관한 이해

1. 세 가지 응답 항목(아주 그렇다, 보통이다, 전혀 아니다) 중 응답하기 가장 어려웠던 항목은 무엇이었나요?
2. 응답한 것들에 대해 전반적으로 어떻게 느꼈나요?
3. '아주 그렇다'에 자주 표시하지 않았다면, 그것은 여러분 자신에 대해 무엇을 이야기하는 것이라고 여기나요?

4. 모든 것에 있어서 완벽하다는 것이 가능한가요?

개인에게 적용하기

1. 여러분은 활동지의 응답을 검토하면서 어떤 영역이 가장 자랑스럽게 여겨지나요?
2. 여러분은 어떤 영역에서 더 나아지기를 바라나요?
3. 어떻게 하면 자기 수용을 더 잘하게 될까요?

지도자 유의사항

인생에 있어서 이 시기는 고등학교에서 중등과정 이후의 직장까지 이행해 가는 과도기의 청소년들이 자기 자신을 다른 사람과 비교하면서 완벽해지려는 압력을 더욱 많이 느끼는 시기다. 청소년들이 자기 수용을 개발하도록 돕는 것은 그들의 전반적인 발달을 향상시킨다.

[유인물 33]

〈나는 나다〉 활동지

지시사항: 다음의 특성을 읽고 여러분에 대해 묘사하는 정도를 생각해 보세요. 그런 다음 세 가지 응답 항목 중에서 가장 가까운 하나를 찾아 ○표 하세요. (더욱 정확한 묘사를 위해서 응답 항목 사이에 ×를 넣어도 좋습니다.)

1. 창의적이다.	아주 그렇다	보통이다	전혀 아니다
2. 두뇌가 명석하다.	아주 그렇다	보통이다	전혀 아니다
3. 매력이 있다.	아주 그렇다	보통이다	전혀 아니다
4. 미소가 멋지다.	아주 그렇다	보통이다	전혀 아니다
5. 신체적으로 튼튼하다.	아주 그렇다	보통이다	전혀 아니다
6. 훌륭한 지도자다.	아주 그렇다	보통이다	전혀 아니다
7. 유머 감각이 뛰어나다.	아주 그렇다	보통이다	전혀 아니다
8. 함께하기에 즐거운 사람이다.	아주 그렇다	보통이다	전혀 아니다
9. 다른 사람들로부터 존경을 받는다.	아주 그렇다	보통이다	전혀 아니다
10. 재능이 많다.	아주 그렇다	보통이다	전혀 아니다
11. 통찰력이 있다.	아주 그렇다	보통이다	전혀 아니다
12. 다른 사람들과 관계를 잘 형성한다.	아주 그렇다	보통이다	전혀 아니다
13. 편견이 있다.	아주 그렇다	보통이다	전혀 아니다
14. 충실하고 신뢰할 수 있다.	아주 그렇다	보통이다	전혀 아니다
15. 양심적이다.	아주 그렇다	보통이다	전혀 아니다
16. 민감하게 배려한다.	아주 그렇다	보통이다	전혀 아니다
17. 자신감이 있다.	아주 그렇다	보통이다	전혀 아니다
18. 올바른 선택을 한다.	아주 그렇다	보통이다	전혀 아니다

[고등학교 2 · 3학년]

감정

78. 방어

목표

방어 기제가 어떻게 감정적인 이유와 관련되는가에 대해서 배운다.

준비물

종이, 필기도구

진행 절차

1. 방어란 다른 사람들을 접근하지 못하게 하기 위해서나, 자신에게 안전감을 갖게 하기 위해서, 혹은 자신이 특정한 상황에서 대처해야 할 감정이나 사람을 피할 수 있도록 돕기 위해서 우리가 스스로 쌓은 벽과 같은 것이라는 것을 설명한다.
2. 학생들을 4~5명씩 한 집단으로 나누고, 각 집단에 기록할 학생을 한 명 배정한 후 학생들이 그들 자신이나 혹은 친구들, 부모님에게서 발견한 방어 기제의 목록을 브레인스토밍(아이디어 쏟아 놓기) 하게 한다. 학생들이 내놓을 수 있는 아이디어의 예로는 거칠게 행동하기, 자신이 어떤 것에 관심이 있다는 것을 부인하기, 어떤 사람이 자신의 믿음이나 감정에 도전하면 화내기 등이 있을 수 있다.
3. 전체 집단으로 모여 목록을 이야기 나눈다.

토론

내용에 대한 이해

1. 사람들이 방어 기제를 매우 자주 사용한다고 생각하나요? 방어 기제는 무슨 목적으로 쓰이나요?
2. 사람들이 방어 기제를 사용하지 않는다면 무슨 일이 일어나리라고 생각하나요?

개인에게 적용하기

1. 여러분은 감정을 감추기 위한 방법으로 방어 기제를 사용하나요? 예를 들어 이야기를 나누어 보세요.
2. 이러한 방어 기제를 사용하는 것에 대해서 여러분은 어떻게 느끼나요?
3. 여러분은 없애고 싶은 방어 기제가 있나요? 어떻게 없앨 수 있다고 생각하나요?

지도자 유의사항

방어 기제가 어떻게 사용되는가를 지적하는 것은 사고와 감정 간의 관계에 대한 지식과 이해를 높여 주고, 또한 문제 상황에 더욱 직접적인 접근을 하도록 도와준다.

79. 자신의 감정 소유하기

목표

감정에 대한 책임을 누가 지는가를 배운다.

준비물

〈자신의 감정 소유하기〉 활동지(유인물 34), 필기도구

진행 절차

1. 사람들은 종종 자신의 감정 때문에 다른 사람을 비난하거나 다른 사람의 감정에 대한 책임을 자신이 지려 한다는 것을 설명하면서 이 활동을 시작한다. 외부나 타인에게 민감한 것은 중요하지만 문제를 갖고 있는 사람이 누구인가, 즉 문제가 누구의 것인가를 인식하는 방법을 배워야 한다.
2. 학생들에게 〈자신의 감정 소유하기〉 활동지(유인물 34)를 나누어 주고, 각자 적어 보게 한다.
3. 전체 집단 혹은 학생들을 4~5명씩 한 집단으로 나누어 반응을 토론하게 한다.

토론

내용에 대한 이해

1. 〈자신의 감정 소유하기〉 활동지(유인물 34)에 있는 감정적인 문제의 대부분에 대하여 책임질 사람은 누구인가요?
2. 여러분 자신의 책임으로 받아들이기가 더욱 어렵게 느껴지는 특정 문항이 있었나요?
3. 여러분 자신의 감정을 여러분의 것으로 받아들인다는 것은 무엇을 의미하나요?

개인에게 적용하기

1. 여러분 자신의 감정으로 인해 누군가를 비난한 적이 있나요, 혹은 다른 사람의 감정에 대한 책임을 여러분이 감수한 적이 있나요?

2. 감정에 대해 책임지는 것에 대해서 무엇을 배웠나요?
3. 이후에 여러분의 감정을 다른 사람의 탓으로 돌리거나, 또는 다른 사람의 감정을 여러분의 탓으로 여기려 하는 자기 자신을 발견할 때, 여러분은 그것에 대해서 무엇을 할 수 있을까요?

지도자 유의사항

개별적인 인간으로서 우리는 자신의 감정에 대한 책임을 다른 사람에게 투사하거나, 다른 사람의 감정에 대한 책임을 부당하게 떠맡을 수 없다. 자신의 감정을 소유하는 것을 배우는 것은 개인적 통제감을 발달시키는 한 방법이다.

[유인물 34]

〈자신의 감정 소유하기〉 활동지

지시사항: 다음과 같은 상황에서 문제를 갖고 있는 사람이 누구인지 결정하여 적으세요.

1. 나는 성적을 형편없이 받았고, 그것 때문에 화가 나서 선생님을 탓했다. 문제는 누구에게 있는가?

2. 나는 사귀자는 청을 거절했는데, 나중에 들은 바로는 그 사람은 그 날 밖에 나가서 술을 마시며 정말로 우울해 했다고 한다. 문제는 누구에게 있는가?

3. 나의 부모님은 다른 아이들의 부모처럼 밤늦게까지 외출하도록 허락하지 않으신다. 나는 그것에 대해 속이 상한다. 문제는 누구에게 있는가?

4. 친구가 나에게 술을 몇 잔 마시도록 권하여 나는 술을 마셨다. 집에 들어와서 벌을 받게 되었고, 지금 나는 화가 난다. 문제는 누구에게 있는가?

5. 같은 반 아이가 중간고사를 위해서 내가 준비한 요약 노트를 빌려 달라고 했다. 나는 거절하였고, 그 아이는 화가 나서 나에게 소리를 질렀다. 문제는 누구에게 있는가?

6. 나는 꽤 지속적으로 어떤 사람과 사귀어 왔는데, 이제는 그 관계를 끝내고 싶다. 그래서 나는 헤어지자고 말했다. 다음 날, 나는 그 사람이 자살했다는 말을 들었다. 문제는 누구에게 있는가?

7. (여러분 자신이 경험한 상황에 대해 쓰세요.)

80. 생각과 감정

목표

감정의 문제는 생각에서 비롯된다는 것을 배운다.

준비물

〈생각과 감정〉 활동지(유인물 35), 필기도구

진행 절차

1. 학생들에게 이 활동의 목표를 설명한 후에 〈생각과 감정〉 활동지(유인물 35)를 나누어 준다. 학생들에게 그러한 상황이 일어난 것으로 상상해 보게 한다. 자신이라면 각 상황에서 어떻게 느끼게 될 것 같은지 생각해 보게 한다.
2. 학생들과 첫째 상황에 대한 반응을 이야기 나눈다. 모든 학생이 이 사건에 대해 똑같이 느꼈는가? 감정이란 단지 어떤 일이 일어났기 때문에 생기는 것이 아니라는 것을 설명한다. 그보다는 우리가 상황에 대해서 어떻게 생각하는가에 따라 특정한 감정을 갖게 된다.
3. 학생들이 첫째 상황에 대해서 무엇을 생각했는지를 밝혀 보도록 돕는다. 예를 들어, 그들이 속이 상하고 화가 난다면, 그들은 교장 선생님은 못된 사람이며, 그렇게 할 수 있는 아무런 권리도 갖고 있지 않다고 생각했을 수 있다. 또한 이러한 상황은 끔찍하며, 그들의 인생은 그들이 졸업 축하행사를 할 수 없기 때문에 망쳤다고 생각했을 수 있다. 다른 한편으로, 그들이 속이 상하지 않는다면, 그들은 졸업 축하행사는 그렇게 중요한 것이 아니라고 생각했을 수 있다. 혹은 졸업 축하행사는 비용이 많이 들고 그만큼 재미있지도 않다고 생각하거나, 또는 이제 아무도 누구를 초대하나에 대해 걱정할 필요가 없다고 생각했을 수도 있다.
4. 나머지 다른 상황에 대한 반응(감정과 생각 두 가지 모두)을 이야기 나눈다. 그러고 나서 학생들에게 자신이 경험한 고유한 개인적 상황을 적고, 그것에 대해 토론하게 한다.

토론

내용에 대한 이해

1. 생각을 바꾸면, 감정에 무슨 일이 일어나나요?
2. 모든 상황에 대해서 여러분이 생각한 바를 바꾸는 것이 가능하다고 생각하나요?

개인에게 적용하기

1. 생각을 바꿈으로써 상황에 대한 여러분의 감정을 변화시킨 적이 있나요? 그것은 여러분에게 얼마나 효과적이었나요?
2. 오늘 배운 것을 여러분의 일상생활에 어떻게 적용할 수 있을까요?

지도자 유의사항

만약 학생들이 생각과 감정 간의 관계를 이해한다면, 사건이나 상황 속에서 감정을 더욱 잘 통제할 수 있을 것이다.

[유인물 35]

〈생각과 감정〉 활동지

지시사항: 다음 상황을 읽고, 각 상황에 대한 여러분의 감정과 생각을 적으세요.

1. 교장 선생님은 2~3학년이 참석하는 졸업 축하행사를 열지 않을 것이라고 발표하셨다.

   감정 ______________________________

   생각 ______________________________

2. 부모님은 내가 원하는 대학에 지원하지 못하게 하실 것이다.

   감정 ______________________________

   생각 ______________________________

3. 나는 졸업 후에도 친구들과 가까이 지내기를 원하므로 고향에 머무르고 싶다. 그러나 부모님은 그러면 안 된다고 말씀하신다.

   감정 ______________________________

   생각 ______________________________

4. 사귀어 온 사람이 다른 사람을 만나기 시작했다.

   감정 ______________________________

   생각 ______________________________

5. 여러분 자신이 경험한 상황에 대해 쓰세요.

   감정 ______________________________

   생각 ______________________________

81. 고통스러운 감정에 대처하기

목표

감정적인 고통에 대처하기 위한 다양한 방법을 배운다.

준비물

사람들이 고통스러운 감정에 대처하는 다양한 방법을 제시하고 있는 여러 가지 신문 기사(충고 칼럼, 자기 조력 집단이나 개인 성장 집단을 위한 공고, 시한부 환자가 어떻게 임종에 대처하는가에 대한 기사, 자살에 대한 뉴스 기사 등)

진행 절차

1. 학생들을 3~4명씩 한 집단으로 나누고, 각 집단에 두 개의 신문 기사를 나누어 준다. 신문 기사에 나타난 고통스러운 감정이 무엇인지, 또한 신문 기사 속의 개인들이 어떻게 고통에 대처했는지를 토론하게 한다.
2. 전체 집단으로 하여금 신문 기사에 나타난 대처 방법을 이야기 나누고, 또한 고통에 대한 자신의 해결책도 발표하게 한다.

토론

내용에 대한 이해

1. 어떤 대처 방법이 다른 방법보다 낫다고 생각하나요? 그 이유는 무엇인가요?
2. 대부분의 사람이 다양한 대처 방법을 사용한다고 생각하나요, 아니면 단지 몇 가지에만 집착한다고 생각하나요? 어느 것이 더 낫다고 생각하나요?

개인에게 적용하기

1. 여러분에게는 어떤 방법이 가장 좋았나요?
2. 여러분에게 과히 유익하지 않은 방법을 사용한 적이 있나요?

3. 여러분이 시도해 보고 싶은 다른 대처 방법에 대해 배워 본 적이 있나요?

지도자 유의사항

감정적인 문제에 대처하기 위한 많은 방법이 있다. 학생들이 그것들을 평가하도록 돕고, 또한 다양한 상황에 관련된 감정들을 다루려면 어떤 방법은 다른 방법보다 더욱 적절하다는 것을 인식하도록 돕는 것이 중요하다.

82. 우울에 대처하기

목표

우울과 그것에 대처하는 방법에 대해서 배운다.

준비물

〈우울에 대처하기〉 퀴즈(유인물 36)

진행 절차

1. 칠판에 '우울(침울한 느낌, 슬픔, 기분이 저하됨)'의 의미를 적는다.
2. 〈우울에 대처하기〉 퀴즈(유인물 36)를 나누어 주고, 학생들에게 답할 시간을 준다.
3. 학생들을 3~4명씩 한 집단으로 나누고, 응답을 토론하게 한다. (모든 문항에서 정답은 ◯이다.)

토론

내용에 대한 이해

1. 우울의 징조와 증상을 확인하는 것이 어려운가요? 목록에 추가하고 싶은 다른 특성이 있나요?
2. 오늘날 청소년이 갖고 있는 우울의 원인이 되는 문제로 무엇을 들 수 있을까요?
3. 우울에 어떻게 대처할 수 있다고 생각하나요?

개인에게 적용하기

1. 여러분은 우울을 느껴 보았나요? 여러분 스스로 우울의 징조와 증상을 확인할 수 있나요?
2. 여러분이 우울하다면, 여러분의 감정을 극복하기 위해 무엇을 할 것 같나요?

지도자 유의사항

청소년의 우울은 매우 보편적이다. 따라서 학생들이 우울을 극복하는 건강한 대처 방법을 인식하고 배우는 것이 중요하다.

[유인물 36]

〈우울에 대처하기〉 퀴즈

지시사항: 다음을 읽고, ◯ 또는 ×로 답하세요.

________ 1. 음식 섭취와 수면에서의 변화는 우울의 징조가 될 수 있다.

________ 2. 만약 권태롭게 느껴진다면, 이것은 우울한 것일 수 있다.

________ 3. 우울할 때에는 일반적으로 무기력에 빠진다.

________ 4. 우울할 때에는 친구들로부터 멀어지려는 경향이 있다.

________ 5. 학교 성적에서의 갑작스러운 변화는 우울의 징조가 될 수 있다.

________ 6. 과도하게 자기 비판을 하는 것은 우울의 한 증상이다.

________ 7. 어떤 것에 대한 부정적인 감정을 행동으로 표현하는 청소년은 곧잘 우울해 한다. (행동 표현으로는 공격적이나 성적인 행동, 절도, 좀도둑질, 약물 사용 등이 있을 수 있다.)

________ 8. 종일 텔레비전을 보거나 매우 태만하고 무기력한 것은 우울의 징조가 될 수 있다.

________ 9. 과속으로 운전하거나 위험한 활동에 참가하는 것은 그 사람이 우울하다는 의미일 수 있다.

________ 10. 자살에 대해서 이야기하는 것은 보통 우울의 징조다.

83. 자기 자신에게 최상의 이익이 되게 하기

목표

자기 자신에게 최상의 이익이 되게 하는 행동과 감정 간의 관계를 배운다.

준비물

자살, 알코올 중독, 약물 의존, 비행, 섭식장애 등에 관한 몇 가지 신문 기사, 필기도구

진행 절차

1. 학생들을 4명씩 한 집단으로 나누고, 각 집단에 하나의 신문 기사를 나누어 준다. 신문 기사는 사람들이 삶에서 일어나는 여러 문제에 대처하기 위해 사용하였던 방법들을 기술하고 있다는 것을 알려 준다. 각 집단에 기록할 학생을 한 명 배정하고, 다음의 질문에 대해 토론하게 한다.

- "이 사람의 문제는 무엇이라고 생각하는가?"
- "왜 이 사람은 이런 방식으로 문제를 다루었다고 생각하는가?"
- "이러한 문제를 가지고 있는 사람은 어떤 감정을 극복하기 위해 노력 중이라고 생각하는가?"
- "여러분은 그 사람이 문제에 대처하고 있는 방법이 긍정적이라고 생각하는가? 왜 그런가? 혹은 왜 그렇지 않은가?"

2. 전체 집단으로 하여금 질문에 대한 각 집단의 응답을 토론하게 한다.

토론

내용에 대한 이해

1. 이러한 문제들에 대처하기 위해 사용된 방법들이 건강하다고 생각하나요, 아니면 건강하지 않다고 생각하나요? 건강한 방법과 건강하지 못한 방법을 구별하여 보세요.
2. 이러한 해결책 중 어느 것이 여러분에게 최상의 이익이 되는 행동을 하도록 도울까요?

개인에게 적용하기

1. 여러분의 감정이 너무 격했기 때문에 건강하지 않은 방법 중 어느 것을 시도했던 적이 있나요?
2. 만약 있다면, 그것이 문제를 대처하는 데 어떤 도움을 주었다고 생각하나요? 그것이 어떤 새로운 문제를 만들어 내지는 않았나요?
3. 만약 여러분의 감정이 다시 격해진다면, 그때 여러분이 시도할 수 있는 적극적인 대처 전략은 무엇인가요?

지도자 유의사항

학생들은 과격한 방법을 해결책으로 삼을 정도로 자신의 감정이 격해져서는 안 된다는 것을 인식해야 한다. 무엇이 그들 자신에게 최상의 이익이 되는가를 깨닫도록 돕고, 또한 바람직한 대안을 찾도록 돕는 것이 중요하다.

84. 강도 낮추기

목표

부정적인 감정의 강도를 줄이기 위해 이성적인 자기 대화를 사용하는 방법을 배운다.

준비물

학생들에게 나눠 줄 다음의 논제를 담은 목록

- 몇 개의 장학금을 신청했으나, 하나도 받지 못했다.
- 방학 동안에 일자리를 신청했으나, 내가 아니라 나의 가장 친한 친구가 그 일자리를 얻었다.
- 졸업 축하행사에 함께 갈 이성 친구가 없다.
- 성적이 뚝 떨어져서 외출 금지를 당했다.
- 휴대 전화 액정을 새 것으로 바꿔야 하는데, 수리할 돈이 없다.
- 아르바이트를 하던 곳에서 해고를 당했다.
- 사귀던 사람이 방금 결별을 선언했다.
- 고등학교 졸업반인데, 부모님은 이사를 가게 되어 나에게 학교를 옮겨야 한다고 말씀하신다.

진행 절차

1. 학생들에게 부정적인 감정의 목록을 브레인스토밍(아이디어 쏟아 놓기) 하여 만들어 보게 하면서 이 활동을 시작한다. 부정적인 감정을 다스리기 위해 청소년들이 무엇을 하는가에 대해 토론하게 한다.
2. 논제의 목록을 학생들에게 나누어 주고, 짝을 정하도록 한다. 짝과 함께 목록에 있는 각각의 상황에서 어떻게 느끼는지를 확인하고, 이러한 감정을 어떻게 다루게 될 것인지 토론하게 한다.
3. 전체 집단으로 모여 토의한 내용에 대해 이야기를 나누도록 한다.
4. 부정적인 감정의 강도를 줄이는 하나의 방법으로서 이성적인 자기 대화라는 개념에 대해 설명한다. 예를 들면, 장학금을 신청했으나 받지 못했다면, 단지 장학금을 받지 못했기 때문에 자신이 가치 없거나 멍청하다는 것을 의미한다고 자신에게 말하는 것이 아니라, 경쟁

이 치열했기 때문이라고 자신에게 말하는 것이다.

5. 진행 절차 1번에서 학생들이 브레인스토밍 했던 부정적인 감정의 강도를 줄이기 위해 사용할 수 있는 자기 대화의 몇 가지 예를 짝끼리 확인해 보게 한다. 또한 전체 집단에서 그러한 예를 이야기 나누도록 한다.

토론

내용에 대한 이해

1. 이성적인 자기 대화란 무엇인가요?
2. 이러한 문제 상황에서 이성적인 자기 대화의 예를 확인하는 것이 얼마나 어려웠나요?
3. 이성적인 자기 대화의 효과는 무엇인가요?

개인에게 적용하기

1. 여러분은 이성적인 자기 대화를 사용해 본 적이 있나요? 만약 있다면, 도움이 되었나요?
2. 여러분은 이성적인 자기 대화를 사용하는 것에 더하여 부정적인 감정의 강도를 줄이도록 도울 수 있는 다른 어떤 것들을 할 수 있나요?

지도자 유의사항

청소년기 동안에 부정적인 감정이 만연한다는 점을 고려하면, 청소년들에게 감정의 자기 통제를 가르치는 것은 매우 유용하다. 이러한 방법이 부정적인 감정을 반드시 없앤다고는 할 수 없지만, 더욱 이성적으로 생각하도록 그들을 격려함으로써 그러한 감정의 강도를 낮출 수 있을 것이라는 점을 강조한다.

[고등학교 2 · 3학년]

신념과 행동

85. 자기 자신에게 반박하기

목표

비합리적인 신념에 도전하도록 배움으로써 더욱 융통성 있는 행동을 배운다.

준비물

〈자기 자신에게 반박하기〉 활동지(유인물 37), 필기도구

진행 절차

1. 학생들에게 〈자기 자신에게 반박하기〉 활동지(유인물 37)를 한 장씩 나누어 주고, 비합리적인 신념을 설명할 수 있는 한 상황을 예로 들어 토론하게 한다. 예를 들어, '모든 것이 내 마음대로 되지 않는다면 끔찍해.'는 경기 출전이 금지된 야구 선수가 지니는 신념일 수 있다.
2. 학생들을 3~4명씩 한 집단으로 나누고, 나머지 비합리적인 신념이 일어날 수 있는 상황들을 적게 한다. 상황은 학생들이나 그들의 친구들이 겪은 경험에 기초해야 한다.
3. 학생들에게 그 예를 이야기 나누게 한다.
4. 더욱 합리적인 사고 유형과 더욱 긍정적인 감정을 개발하기 위해 비합리적인 신념에 도전한다는 개념을 소개한다. 즉, 도전한다는 것은 나 자신이 다른 방식으로 상황을 볼 수 있도록 도와주는 질문들을 자기 자신에게 하는 것을 의미한다. 예를 들면, 다음과 같다. 만약 내가 어떤 사람과 만나는 것을 부모님이 허락하지 않는다면, 그것은 정말로 세상의 끝을 의미하는가? 부모님은 그것을 허락하지 않을 만한 합당한 이유를 갖고 있을 수도 있지 않겠는가? 만약 부모님이 만나러 가지 못하게 한다면, 그것은 부모님이 나를 사랑하지 않는다는 것을 의미하는가?
5. 〈자기 자신에게 반박하기〉 활동지(유인물 37)에 작성되어 있는 비합리적인 신념에 도전하도록 연습시킨다. 학생들에게 그들이 사용할 수 있는 도전적인 질문의 예를 적게 한다.

토론

내용에 대한 이해

1. 여러분은 어떻게 비합리적인 신념에 도전하나요? 도전하는 것이 여러분에게 이로움이 된다고 생각하나요?

개인에게 적용하기

1. 여러분 자신이나 다른 어떤 사람이 이러한 비합리적인 신념을 가졌던 상황을 생각해 내는 것이 어려웠나요, 아니면 이러한 일들이 일어나는 것을 꽤 규칙적으로 보는 편인가요?
2. 이러한 비합리적인 신념에 도전하면서 여러분이 경험한 것은 무엇이었나요?
3. 이전에 도전하는 기술을 사용한 적이 없었다면, 이제는 그것을 사용하고 있는 여러분 자신을 발견할 수 있나요?

지도자 유의사항

학생들이 이전에 어떤 활동을 경험했는가에 따라 자신이 갖고 있는 비합리적인 신념에 도전하는 기술을 어느 정도로 친숙하게 사용할 수 있는지가 달라질 것이다. 이 개념이 학생들에게 새롭다면, 그 과정을 여러 번 본보기로 보여 준다. 학생들에게 오늘 사용한 유인물을 다음 시간에 가져오게 한다.

[유인물 37]

〈자기 자신에게 반박하기〉 활동지

지시사항: 여러분 자신이나 다른 어떤 사람이 다음의 비합리적인 신념을 경험했을 수 있는 상황을 적으세요. 그러고 나서 각각에 대해 반박할 수 있는 도전의 말을 적으세요.

1. 모든 것이 내 마음대로 되지 않는다면 끔찍하다.
   상황 ______________________________
   도전 ______________________________
2. 나는 어떤 것에도 너무 열심히 일할 필요가 없다.
   상황 ______________________________
   도전 ______________________________
3. 사람들은 실수를 해서는 안 된다.
   상황 ______________________________
   도전 ______________________________
4. 나는 모든 것을 완벽하게 해야 한다.
   상황 ______________________________
   도전 ______________________________
5. 사람들은 공평하게 대우받아야 한다.
   상황 ______________________________
   도전 ______________________________
6. 다른 사람들이 나를 거절한다면, 나는 아무 짝에도 쓸모없는 사람임이 확실하다.
   상황 ______________________________
   도전 ______________________________
7. 나는 비판하는 것을 참을 수 없다.
   상황 ______________________________
   도전 ______________________________
8. 만약 내가 불행하다면, 그것은 내 탓이 아니며, 따라서 나는 나의 불행을 바꿀 수 없다.
   상황 ______________________________
   도전 ______________________________

86. 충동성을 통제하기

목표

충동적인 행동을 통제하기 위한 전략을 배운다.

준비물

〈자기 자신에게 반박하기〉 활동지(유인물 37)

진행 절차

1. 충동적인 행동(행동의 결과를 주의 깊게 생각함이 없이 갑작스럽게 행동하는 것)의 의미를 토론한다. 화가 났을 때 어떤 사람을 주먹으로 치거나, 자신에게 상처 내거나, 나중에 무슨 일이 일어날지에 대해서는 생각하지 않고 어떤 것을 훔치거나, 많은 돈을 소비하는 것과 같은 충동적인 행동의 예를 브레인스토밍(아이디어 쏟아 놓기) 한다.
2. 학생들은 사람들이 충동적으로 행동하는 이유가 무엇이라고 생각하는지, 또한 충동적인 행동의 결과가 무엇인지에 대해 토론한다.
3. 비합리적인 신념은 충동적인 행동을 일으키는 원인이 된다는 개념을 소개한다. 비합리적인 신념에는 다음과 같은 것이 포함될 수 있다.

   - '나는 그것을 견딜 수 없어.'
   - '그것은 불공평하고 나에게 일어나서는 안 돼.'
   - '나는 보복할 거야.'
   - '어쨌든 세상은 썩었어. 그런데 왜 노력해야 돼?'

   다른 가능한 것을 만들어 보게 한다.
4. 고등 2 · 3학년을 위한 신념과 행동: 활동 1(자기 자신에게 반박하기)에서 기술되었던 비합리적인 신념에 도전하기 개념을 검토한다. 충동적인 행동에 대처하는 한 방법으로서 도전하기를 제안하고, 또한 충동적인 행동을 억제하도록 하는 질문의 유형들을 토론하기 위해서 〈자기 자신에게 반박하기〉 활동지(유인물 37)에 기술되어 있는 상황의 예를 사용한다.

토론

내용에 대한 이해

1. 충동적인 행동이 모든 사람에게서 자주 일어난다고 생각하나요?
2. 충동적인 행동으로 인해 치러야 할 대가는 무엇인가요?
3. 충동적인 행동에 대해서 무엇을 할 수 있을까요?

개인에게 적용하기

1. 여러분은 충동적인 행동을 한 경험이 있나요? 만약 여러분이 충동적으로 행동한다면, 그것에 대해 어떻게 느끼나요?
2. 여러분의 충동적인 행동을 변화시키기 위해서 노력한 적이 있나요? 만약 있다면, 무엇을 하였고, 그것은 어떤 효과가 있었나요?
3. 여러분은 충동적인 사람을 알고 있나요? 그 사람과 관계를 맺는 것은 어떨 것 같은가요?

지도자 유의사항

학생들이 사건에 과잉 반응하지 않고 또한 장기적으로 부정적인 결과를 초래할 수 있는 결정을 하지 않기 위해서 충동적인 행동을 통제하는 것을 배우는 것이 중요하다.

87. 자기 파괴적인 행동

목표

자기 파괴적인 행동의 의미를 배운다.

준비물

종이, 필기도구

진행 절차

1. 자기 파괴적인 행동(자신에게 불리한 쪽으로 행동하거나, 또는 자신에게 최상의 이익이 되지 않는 것들을 하는 것)이 무엇을 의미하는지 설명한다. 자기 파괴적인 행동의 예로는 적절한 음식 섭취를 하지 않는 것, 과음하는 것, 혹은 모든 것에서 자신을 비난하는 것 등을 들 수 있다.
2. 학생들에게 자기 자신이나 또는 그들이 알고 있는 다른 사람에게서 보이는 자기 파괴적인 행동 목록표를 만들게 한다.
3. 학생들을 3명씩 한 집단으로 나누고, 각자의 목록을 이야기 나누게 한다. 이때 각 집단마다 학생 한 명을 뽑아 자기 집단에서 나온 모든 생각을 하나의 종합 목록표에 적게 한다. 이러한 종합 목록표로부터 전체 집단에서 이야기 나누고자 하는 세 가지 자기 파괴적인 행동을 선택하게 한다.
4. 각 집단에 의해서 선택된 세 가지 자기 파괴적인 행동을 모두 모아 하나의 목록으로 만들게 한다. 그 다음에 학생들은 목록 속의 각 항목이 그들에게 의뢰될 때 각 항목을 평점하게 된다. 평점은 세 가지로 분류되며, 다음의 코드로 칠판에 적을 수 있다.

- 전혀 이것을 하지 않는다 – ×
- 때때로 이것을 한다 – △
- 자주 이것을 한다 – ○

토론

내용에 대한 이해

1. 자기 파괴적인 행동에 대해 무엇을 배웠나요?
2. 많은 사람이 이러한 종류의 행동을 한다고 생각하나요?
3. 자기 파괴적인 행동은 건강한 것인가요?

개인에게 적용하기

1. (만약 있다면) 여러분이 행하는 자기 파괴적인 행동에 대해 어떻게 느끼나요?
2. 여러분이 행하고 있는 자기 파괴적인 행동에 대해서 무엇을 하고 싶은가요? 없애 보려고 한 적이 있나요? 만약 있다면, 어떤 방법으로 하였나요? 그 결과는 어떠했나요?

지도자 유의사항

학생들은 자기 자신에게 최상의 이익이 되는 행동을 할 수 있다는 것을 배워야 한다. 자신이나 다른 사람의 자기 파괴적인 행동을 밝혀 내는 것은 분별력 있는 행동에 대한 이해를 돕는 좋은 방법이다.

88. 믿는 것과 행하는 것

목표

자기 파괴적인 행동에 기여하는 비합리적인 신념을 배운다.

준비물

종이, 필기도구

진행 절차

1. 학생들에게 종이의 왼쪽에 다음의 단어(누가, 무엇을, 어디서, 왜)를 적게 한다. 그러고 나서 '누가' 옆에 자신의 이름을 적거나, 자기 파괴적인 행동을 하는 것으로 알고 있는 다른 사람의 이름을 적게 한다. 다음에는 자기 파괴적인 행동이 무엇인지를 결정하게 하고, '무엇을' 옆에 그것을 적게 한다. '어디서' 옆에는 자기 파괴적인 행동이 일어나는 전형적인 장소를 적게 한다(예를 들어, 만약 행동이 과식이라면 장소는 집이거나 식당일 것이다.). 마지막 범주인 '왜'에는 그 사람이 자기 파괴적인 행동을 하는 이유를 적게 한다(예를 들어, 아마도 그 사람은 화가 날 때 먹거나, 혹은 다른 사람과의 사교를 피하기 위해서 먹을 것이다.).
2. '누가' '무엇을' '어디서'는 확인하지 말고, '왜'에 대한 대답만을 모은 종합 목록을 칠판에 적는다. 이와 같이 종합 목록이 수집되면, 이유를 자세히 살펴보고 또한 그 기저에 있는 비합리적인 신념을 결정하도록 시도한다. 비합리적인 신념에는 다음과 같은 생각이 포함될 수 있다.

- '나는 그것을 견딜 수 없어.'
- '나를 가엾게 여겨 줘.'
- '삶이 너무 힘들어.'
- '모든 것이 내 마음대로 되어야 해.'
- '나는 내 감정이나 행동을 통제할 수 없어.'
- '다른 사람이 나를 화나게 만들어서는 안 돼.'

3. 이러한 신념에 도전하는 자기 대화의 역할을 토론한다. 예를 들어, 만약 어느 사람이 다른 사람이나 어떤 일로 화가 날 때 일반적으로 과식을 한다면, 그 사람은 모든 일이 자기가 원하는 대로 되어야 한다고 말하고 있을지도 모르며, 따라서 과식은 통제될 수 없을 것이다. 자신의 비합리적인 신념에 도전하는 자기 대화는 이 사람에게 다른 사람이 행한 일로 인해 화를 낼 필요가 없다는 것과 여러 가지 선택이 존재한다는 것을 인식하도록 돕는다.

토론

내용에 대한 이해

1. 자기 파괴적인 행동이 문제를 해결하도록 어떻게 돕는다고 생각하나요? 정말로 문제가 해결되나요?
2. 자기 파괴적인 행동과 비합리적인 신념 간의 관계는 무엇인가요?

개인에게 적용하기

1. 여러분이 어떠한 자기 파괴적인 행동을 갖고 있다면, 그것의 기초가 되는 비합리적인 신념은 무엇이라고 생각하나요?
2. 만약 여러분의 자기 파괴적인 행동을 더욱 건강한(혹은 더욱 합리적인) 신념으로 바꾼다면, 어떤 일이 일어날까요?

지도자 유의사항

학생들이 자기 파괴적인 행동과 비합리적인 신념 간의 연계를 인식하고, 따라서 비합리적인 신념에 도전하는 것이 자기 파괴적인 행동을 없애기 위한 좋은 방법이라는 것을 이해하도록 강조한다.

89. 자기 파괴적인 행동 패배시키기

목표

자기 파괴적인 행동의 대안을 배운다.

준비물

〈자기 파괴적인 행동 패배시키기〉 활동지(유인물 38), 필기도구

진행 절차

1. 학생들에게 〈자기 파괴적인 행동 패배시키기〉 활동지(유인물 38)를 나누어 주고, 2명씩 짝을 짓게 한다. 그런 다음, 어떤 사람이 각각의 행동을 할 이유가 될 만한 것 한 가지와 하지 않을 이유가 될 만한 것 한 가지를 적어 보게 한다. 예를 들어, 어떤 사람이 과음하는 이유가 한 패에 속하고 싶어서 일 수도 있고, 또한 과음하지 않는 이유가 술에 취했을 때 사고를 낼 가능성을 피하기 위해서 일 수도 있다.
2. 여러 가지 자기 파괴적인 행동을 실행하는 이유가 어떻게 사리에 맞고 분별 있는 이유가 될 수 있는가에 도전하면서 답변들을 함께 토론하게 한다.
3. 전체 집단으로 하여금 학생들이 자신에게 최상의 이익이 되는 행동을 하고 있지 않다고 생각되는 상황에서 그들이 시도할 수 있는 대안을 브레인스토밍(아이디어 쏟아 놓기) 하게 한다. 대안의 예로는 도움을 요청하기, 친구, 부모, 교사, 혹은 상담자에게 털어놓기, 자기 조력 집단상담에 참가하기, 이완 기술을 사용하기, 문제에 대한 참고자료 읽기, 자기 대화를 연습하기 등이 있을 수 있다.

토론

내용에 대한 이해

1. 자기 파괴적인 행동의 실행 이유와 반대 이유를 밝혀 볼 때, 무엇을 배웠나요?
2. 자기 파괴적인 행동이 어떻게 문제가 될 수 있다고 생각하나요?

개인에게 적용하기

1. 이 다음에 자기 파괴적인 어떤 행동을 하고 싶을 때, 여러분은 어떤 대안을 갖고 있나요?

지도자 유의사항

학생들에게 자기 파괴적인 행동은 문제 상황을 극복하기 위한 좋은 방법인 것처럼 보지만, 실제로는 문제를 더욱 악화시킬 수 있다는 것을 깨닫도록 강조한다.

[유인물 38]

〈자기 파괴적인 행동 패배시키기〉 활동지

지시사항: 다음 목록에 있는 자기 파괴적인 행동에 대해 어떤 사람이 왜 그것을 하고 싶어 할지 한 가지 이유를 적으세요. 또한 왜 하고 싶어 하지 않을지 한 가지 이유를 적으세요.

	하고 싶어 하는 이유	하고 싶어 하지 않는 이유
자살		
과식		
약물 남용		
음주		
거식증		
폭식증		
과속 운전		
폭력		
관계에 지나치게 의존하기		
실제로는 편안하게 느껴지지 않는 것에 동의하기		

90. 무엇이 다른 사람에게 영향을 주는가

목표

다른 사람의 행동에 영향을 주는 긍정적인 방법과 부정적인 방법을 배운다.

준비물

〈무엇이 다른 사람에게 영향을 주는가〉 활동지(유인물 39), 필기도구

진행 절차

1. 〈무엇이 다른 사람에게 영향을 주는가〉 활동지(유인물 39)를 학생들에게 나누어 주고, 답하게 한다.
2. 학생들을 3~4명씩 한 집단으로 나누고, 그들이 동의하는 문항과 동의하지 않는 문항, 불확실한 문항에 대해 토론하게 한다.
3. 전체 집단으로 하여금 어떤 문항이 다른 사람에게 가장 긍정적인 영향을 주는 방법으로 보이는지를 결정하게 한다.

토론

내용에 대한 이해

1. 여러분은 다른 사람의 행동에 대해 얼마나 많은 통제력을 실제로 갖고 있다고 생각하나요?
2. 다른 사람에게 영향을 주는 어떤 긍정적인 방법이 존재하나요?

개인에게 적용하기

1. 여러분은 다른 사람에게 어떤 유형의 영향을 주나요?
2. 만약 여러분이 다른 사람에게 영향을 주려고 시도하고 있다면, 긍정적인 방법을 사용할 때 더욱 성공적인가요, 아니면 부정적인 방법을 사용할 때 더욱 성공적인가요?
3. 여러분은 다른 사람의 행동을 통제하려고 시도하면서 어떤 경험을 해 보았나요? 그렇게 하

는 것은 여러분 자신을 위한 일이었나요? 지불해야 할 대가가 있었나요?

지도자 유의사항

다른 사람에게 영향을 주려고 시도하는 방법에 대해서 학생들에게 선택의 여지가 있다는 것을 알도록 도와주어야 한다. 다른 사람의 행동을 변화시킬 수 있다는 보장은 없지만, 만약 긍정적인 방법을 사용한다면 그렇게 할 수 있는 기회가 훨씬 많아질 것이다.

[유인물 39]

〈무엇이 다른 사람에게 영향을 주는가〉 활동지

지시사항: 다음을 읽고, 각 문항에 동의하는가(○), 동의하지 않는가(×), 또는 불확실한가(△)에 따라 기호로 표시하세요.

_________ 1. 다른 사람의 행동을 통제하는 것이 가능하다.

_________ 2. 나를 괴롭히는 것에 대해 간접적으로 암시하는 것이 직접적으로 표현하는 것보다 낫다.

_________ 3. 만약 내가 어떤 사람의 행동을 좋아하지 않는다면, 그 사실을 항상 그 사람에게 알려야 한다.

_________ 4. 다른 사람의 행동을 통제하기 위해서 나는 다른 사람을 교묘하게 조절할 줄 알아야 하고, 구슬리기도 하고, 엄포도 놓으면서 일종의 게임을 하여야 한다.

_________ 5. 정직하게 자신의 감정을 표현하는 것은 다른 사람에게 영향을 줄 수도 있고, 주지 않을 수도 있다.

_________ 6. 모든 사람이 항상 우리가 원하는 대로 행동하는 것은 불가능하다.

_________ 7. 협박하거나 폭력적인 것은 다른 사람에게 영향을 주기 위한 좋은 방법이 아니다.

_________ 8. 나 자신이 긍정적인 행동을 본보기로 보여 주는 것은 다른 사람에게 영향을 주는 한 방법이 될 수 있다.

_________ 9. 만약 어떤 사람이 내가 생각하기에 잘못된 것을 한다 할지라도, 나는 그 사람에게 내가 생각하는 것을 말할 권리가 없다. 나는 그에게 영향을 주려고 시도해서는 안 된다.

_________ 10. 만약 부모님으로 하여금 내가 하고 싶은 쪽으로 결정 내리게 하기 위해 영향을 끼치고 있는 중이라면, 조금 거짓말 하는 것은 잘못하는 일이 아니며, 부모님으로 하여금 허락하시게 만드는 한 방법이 될 수 있다.

91. 도전하기

목표

비합리적인 신념에 도전하고, 그것을 이성적인 사고로 대체하는 방법을 배운다.

준비물

〈도전하기〉 각본(유인물 40), 〈도전하기〉 활동지(유인물 41), 필기도구

진행 절차

1. 학생들에게 〈도전하기〉 각본(유인물 40)을 읽게 하면서 이 활동을 시작한다.
2. 학생들은 〈도전하기〉 각본(유인물 40)을 읽은 후에 내용에 대한 이해의 질문들을 토론하여 비합리적인 신념의 예를 확인한다.
3. 학생들에게 〈도전하기〉 활동지(유인물 41)를 나누어 주고, 학생들로 하여금 거기에 실려 있는 비합리적인 신념과 그것에 대해 반박 가능한 논쟁을 확인하게 한다.
4. 학생들을 3~4명씩 한 집단으로 나누고, 응답들을 토론하게 한다. 그 후 전체 집단으로 하여금 이야기를 나누도록 한다.

토론

내용에 대한 이해

1. 처한 상황에서 무엇을 해야 할지에 대한 민수의 결정이 이치에 닿는 타당한 결정이었다고 생각하나요?
2. 민수의 생각이나 판단에 오류가 있었나요? 만약 있었다면, 예를 들어 보세요(민수가 할 수 있는 다양한 추정을 이끌어 내어 보세요).
3. 자기 자신이 문제를 더욱 명료하게 충분히 생각하도록 돕기 위해 민수는 어떤 것을 할 수 있을까요? 그가 생각하고 평가해야 할 것들을 확인해 보세요.

개인에게 적용하기

1. 여러분은 비합리적으로 생각하는 경향을 갖고 있나요? 이야기를 나누어 보세요.
2. 비합리적으로 생각하고 있다면, 그러한 사고에 도전하기 위해 여러분은 무엇을 하나요? 그러한 사고에 도전하지 않는다면, 그 결과는 어떠할까요?
3. 이러한 사고의 오류를 피하기 위해서 여러분은 무엇을 해야 하나요?
4. 만약 그러한 사고의 오류를 피하거나 그것에 도전하는 것이 가능하다면, 그 효과는 무엇이라고 생각하나요?

지도자 유의사항

잘못된 혹은 비합리적인 사고는 불안을 야기할 수 있다. 이러한 사고 오류에 도전하도록 돕는 것은 정서적인 혼란을 낮추고, 효과적인 의사결정을 높이는 결과를 낳을 수 있다.

[유인물 40]

〈도전하기〉 각본

민수는 고등학교 졸업반으로, 대학입학 지원 과정 중에 있다. 부모님은 민수의 생활비용 충당에 도움이 되기 위해 가능한 한 장학금을 많이 신청하도록 민수에게 압력을 가하신다. 입학원서를 읽고 자기소개서를 쓰면서, 민수는 자신의 학업이 부모님이 기대하시는 만큼의 재정적 지원을 장학금으로 받을 수 있을 정도로 우수하지 않을 것이라고 확신한다. 말씀은 없으셨지만, 부모님은 비용을 절감하기 위해 민수가 집에서 다닐 수 있는 지역 전문대학에 가기를 진정으로 원하시는데, 그것은 민수가 결코 원하지 않는 것이다. 민수가 진정으로 원하는 것은 농구를 하는 것이다. 자신이 그 지역에서 3점 슛을 가장 잘 넣는 선수이긴 하지만, 그 지역의 3개 대학 중 어디에서도 농구 장학금을 받을 가능성은 없을 것이라고 민수는 확신하고 있다.

또한 민수는 친구들로부터도 압력을 받고 있다. 친구들은 민수가 그곳에 남아서 함께 숙소를 구해 같이 살 수 있는 지역 전문대학에 다니기를 원한다. 민수는 자신이 만약 그렇게 한다면, 새로운 친구를 사귈 수 없을 것이고, 남은 인생을 이 지역에서 계속 머물며 살아야 할 것이라서 두렵다. 입시지도 선생님은 민수가 성적이 아주 좋고, 4년제 정규대학에 갈 것이라고 말씀하시지만, 민수는 모든 것이 너무 어렵고, 지금까지 잘해 왔다 하더라도 결코 미적분학을 통과하지 못할 것이라고 확신하기 때문에 이번 학년에는 좋은 성적을 유지할 수 있는 방법이 없다고 생각한다.

특히, 민수가 최근에 진심으로 좋아하는 여학생과 사귀기 시작하면서 이 모든 것이 매우 혼란스러워졌다. 여학생은 2학년인데, 민수는 만약 자기가 이 지역을 떠나서 한두 시간 걸리는 대학에 간다면 여학생과의 관계는 깨지게 될 것임을 안다. 그리고 앞으로 다시는 이렇게 좋은 관계의 사귐을 갖지 못할 것이라고 생각한다. 아마도 이 모든 혼란에서 탈출하는 방법은 일자리를 찾고, 집에서 살면서 당분간 대학에 대해 잊어버리는 것이다. 그렇게 하면 그의 부모님이나 친구들, 여자 친구 모두가 민수를 이곳에 둘 수 있으며, 민수는 모든 사람을 만족시키는 것에 대해 걱정할 필요가 없게 될 것이다.

[유인물 41]

〈도전하기〉 활동지

지시사항: 다음에서 잘못된 사고를 확인하고, 그러한 사고에 도전할 적절한 방법을 적으세요.

1. 나는 대학에 결코 갈 수 없을 것이다.

   이 사고에서 잘못된 것은 무엇인가? ______________________

   어떻게 이 사고에 도전할 수 있을까? ______________________

2. 모든 사람은 상당한 장학금을 받을 것이다.

   이 사고에서 잘못된 것은 무엇인가? ______________________

   어떻게 이 사고에 도전할 수 있을까? ______________________

3. 만약 내가 상당한 장학금을 받지 못한다면, 그것은 내가 얼마나 능력이 없는가를 증명하는 것이다.

   이 사고에서 잘못된 것은 무엇인가? ______________________

   어떻게 이 사고에 도전할 수 있을까? ______________________

4. 나는 모든 사람을 만족시켜야 한다.

   이 사고에서 잘못된 것은 무엇인가? ______________________

   어떻게 이 사고에 도전할 수 있을까? ______________________

5. 이 모든 것이 너무 혼란스럽고 어렵다. 나는 이것을 잘 해결할 수 없을 것이다.

   이 사고에서 잘못된 것은 무엇인가? ______________________

   어떻게 이 사고에 도전할 수 있을까? ______________________

[고등학교 2 · 3학년]

문제해결/의사결정

92. 이상적인 해결책

목표

문제에 대한 해결책이 항상 이상적이지는 않다는 것을 배운다.

준비물

색인 카드, 필기도구

진행 절차

1. 때때로 어떤 경우에 해결은 정말로 잘 이루어지고, 문제에 관련된 모든 사람을 만족시키는 것이 될 수 있다는 것을 설명하면서 문제해결의 본질에 대해 토론한다. 그러나 어떤 때에는 해결에 다다르기 위해서는 타협해야만 하는 경우도 있다. 또 다른 경우에 해결은 다른 사람들(예를 들어, 부모, 교사)에 의해 결정되고, 해결은 만족적일 수도 있지만 만족적이지 않을 수도 있다.
2. 학생들에게 색인 카드를 한 장씩 나누어 준다. 학생들에게 자신이나 가족 중 어느 사람이 가졌던 문제와 도달하게 된 해결책을 간략히 적게 한다. 만약 그 해결책이 관련된 모든 사람에게 이상적이었다면, 해결책 옆에 이상적이라고 적게 한다. 이때 학생들은 카드에 그들의 이름을 적을 필요가 없다.
3. 색인 카드를 모아서 그것들을 학생들에게 무선적으로 다시 나누어 준다. 몇 명의 학생에게 해결책을 큰 소리로 읽게 하고, 그 해결책이 이상적이라고 생각되는지 아닌지를 표시하게 한다.

토론

내용에 대한 이해

1. 이상적인 해결책이 많이 있었나요?
2. 문제에 대한 해결책에 대해 모든 사람이 만족한다는 것은 현실적으로 어떤가요?

3. 밝혀진 해결책 중 여러분이 생각해 보지 못했던 것이 있었나요? 그 해결책 중 여러분이 문제를 해결하는 데 도움을 주기 때문에 사용할 수 있을 것 같은 것이 있나요?

개인에게 적용하기

1. 여러분의 경험에 비추어 볼 때, 이상적인 해결책이 더 많았나요, 아니면 이상적이지 않은 해결책이 더 많았나요?
2. 여러분은 동일한 해결책을 반복해서 사용하나요, 아니면 창의적이 되려고 노력하면서 더욱 만족스러운 해결책을 제안하려고 시도하나요?
3. 이 활동에서 얻은 아이디어로서 미래의 문제해결 상황에 여러분이 적용할 수 있는 하나의 아이디어는 무엇인가요?

지도자 유의사항

일반적으로 문제에 대한 이상적인 해결책은 존재하지 않는다는 것을 인식하는 것은 학생들로 하여금 해결이 일어나기 위해서는 주고받는 교환과 타협이 필요하다는 것을 이해하도록 도움을 줄 것이다. 또한 창의적으로 생각한다면 한 가지가 아닌 다수의 해결책이 가능하다는 것도 학생들에게 유익한 정보가 될 것이다.

93. 문제가 아닌 기회

목표

문제 상황은 성장을 위한 기회로 전환될 수 있다는 것을 배운다.

준비물

문제를 지닌 사람(약물 문제가 있었으나 지금은 재활 중인 운동 선수, 범죄를 저질렀던 10대 청소년, 자살 기도를 하였던 사람 등)에 대한 신문 기사들

진행 절차

1. 학생들에게 자신이나 자신이 알고 있는 어떤 사람이 문제를 가지고 있었으나, 이후에 그 문제로 인해 개인적으로 성장할 수 있었던 경우에 대해서 생각해 보게 하면서 이 활동을 시작한다. 한 가지 예로 이혼 상황을 들 수 있는데, 이혼으로 인해 궁극적으로 남편과 아내는 훨씬 더 행복하고 자기 충족적으로 되었을 경우에 해당한다.
2. 학생들을 4명씩 한 집단으로 나누고, 각 집단마다 다른 신문 기사를 나누어 준다. 학생들은 기사를 읽고 나서 문제가 무엇이었는지, 그 사람이 그 문제로부터 어떻게 성장할 수 있었는지, 그리고 이 과정에서 어떤 고통과 투쟁을 경험하였는지를 토론하게 한다.
3. 각 집단에서 나온 반응들을 이야기 나누도록 한다.

토론

내용에 대한 이해

1. 성장의 기회가 문제 상황에서 비롯된다는 것이 얼마나 현실적이라고 생각하나요?
2. 얼마나 많은 사람이 자신의 삶을 바꾸기 위해 이러한 성장의 기회를 이용하고, 또한 문제 상황을 이용한다고 생각하나요? 그렇게 할 때 어떠한 장애물이 있다고 생각하나요?

개인에게 적용하기

1. 여러분은 문제를 기회로 전환시켰던 상황을 경험한 적이 있나요? 경험을 이야기 나누어 보세요.
2. 문제 상황을 성장을 위한 기회로 전환시키도록 사람들을 격려하기 위해서 여러분이 할 수 있는 것은 무엇이라고 생각하나요?

지도자 유의사항

과거의 한 시점에서의 문제 때문에 남은 인생 모두를 망쳐서는 안 된다는 것을 청소년들이 깨닫는 것이 중요하다. 문제를 극복하기 위해서는 용기가 필요하다는 것을 인식하는 것이 옳은 방향으로 가는 한 단계이다. 또한 학생들은 친구들로 하여금 문제를 기회로 전환시키도록 격려하고 지원할 수 있다는 것을 인식할 필요가 있다.

94. 문제를 전체적인 시각으로 보기

목표

문제를 전체적인 시각으로 보는 능력을 배운다.

준비물

종이, 필기도구

진행 절차

1. 때때로 문제가 일어나고 있을 때는 실제보다 더 나쁘게 보인다는 것에 대해 토론한다. 나중에는 그다지 중요하게 보이지 않을 상황에 대해서 과잉 반응하는 것을 피하기 위해 문제를 다른 시각으로 볼 수 있는 것이 중요하다는 것을 강조한다.
2. 칠판에 다음의 상황을 적는다.

> • 지진 발생
> • 친구가 나에게 전화하지 않는 것
> • 사고를 당하는 것
> • 모임에서 파트너로 신청 받지 못하는 것
> • 대합입학 시험 치기
> • 나에 관한 나쁜 것을 어떤 사람이 말하고 다니는 것
> • 나의 가족 중 한 명에게 심각한 병이 발병될 때

3. 학생들에게 앞의 상황을 종이에 옮겨 적게 하고, 가장 중요한 것에서부터 덜 중요한 것까지 순위를 매기게 한다. 몇 명의 지원자를 뽑은 다음, 지원자들에게 가장 높게 순위를 매긴 문항과 가장 낮게 매긴 문항을 이야기하게 한다. 유사점과 차이점을 토론한다.
4. 학생들에게 작년에 자신이 경험했던 문제를 생각하게 한다. 그것은 가족의 병 문제이거나 또는 가장 친한 친구에게 일어났던 어떤 일과 같이 그들에게 영향을 주었던 상황일 수 있다. (이러한 문제는 비밀이 보장될 것이라는 점을 강조한다.)

5. 학생들이 몇 가지 문제를 생각해 낸 후에 그 문제들에 다음의 코드를 붙이게 한다.

- 단기: 꽤 쉽게 해결되었던 단기 문제
- 장기: 쉽게 해결되지 않았던 장기 문제
- 덜 중요: 다른 문제와 비교할 때 중요하지 않은 것
- 중요: 다른 문제와 비교할 때 중요한 것
- 나쁘게: 나중에 보았을 때보다 그 당시에 더 나쁘게 보이는 것

토론

내용에 대한 이해

1. 여러분의 문제 중 몇 개가 장기 문제와 대조되는 단기 문제였나요?
2. 여러분의 문제 중 몇 개가 다른 문제와 비교할 때 중요한 문제와 대조되는 덜 중요한 문제였나요?
3. 여러분의 문제 중 몇 개가 나중에 보았을 때보다 그 당시에 더 나쁘게 보였나요?
4. 여러분의 문제에 코드를 붙이면서 무엇을 배웠나요?

개인에게 적용하기

1. 여러분은 다른 것과 비교할 때 현재 덜 중요한 것처럼 보이는 문제에 과잉 반응을 했던 적이 있나요? 그 당시에 그 문제를 더 나은 시각에서 볼 수 있도록 하기 위해서 여러분이 할 수 있었던 것은 무엇이라고 생각하나요?
2. 이 다음에 압도적으로 보이는 일련의 문제에 직면하게 되었을 때, 그 상황을 좀 더 현실적으로 파악하기 위해서 여러분이 할 수 있는 것은 무엇인가요?

지도자 유의사항

청소년들은 종종 과잉 반응하거나 충동적으로 행동하는 경향이 있기 때문에 문제를 전체적인 시각으로 보는 것은 청소년들에게 중요한 과제이다. 이러한 충동적인 결정의 결과는 매우 해로울 수 있다.

95. 합리적인가, 아니면 감정적인가

목표

감정적인 문제해결 방법과 합리적인 문제해결 방법 간의 차이를 구별하는 것을 배운다.

준비물

무력감과 충동적인 반응을 함축하고 있는 대중가요와 더욱 합리적인 반응을 함축하고 있는 대중가요(노래 가사 또는 노래가 녹음된 오디오테이프), 종이, 필기도구

진행 절차

1. 이 활동의 목표는 합리적인 방법으로 문제를 해결하는 것(상황이 이모저모로 두루 고려됨)과 감정이 지배하도록 허용하는 것 사이의 차이점을 구별하는 것이라는 점을 알려 준다. 노래 가사를 나누어 주거나 준비한 노래들을 틀어 준다. 학생들에게 두 가지 반응 유형에 해당하는 예를 종이에 적게 한다.
2. 노래에서 나타난 문제해결의 두 가지 접근의 예를 토론한다. 예를 들어, '네가 나를 사랑하지 않는다면 나는 살 수가 없어'와 같은 가사는 감정적인 접근을 반영하고, 반면에 '우리는 그것을 해낼 수 있어'와 같은 가사는 노력을 다해야 하며 포기해서는 안 된다는 것을 함축하고 있는 보다 합리적인 접근일 수 있다. 약물 남용을 삶을 대처하는 한 방법으로 지지하는 노래는 감정적으로 분류될 수 있고, 반면에 감정은 표현될 필요가 있다는 것을 함축하는 노래는 합리적으로 분류될 수 있다.
3. 합리적인 문제해결과 감정적인 문제해결의 몇 가지 예를 제시한 후에 학생들을 2명씩 짝을 지어 자기 자신이나 다른 사람의 경험으로부터 두 가지 접근의 예를 브레인스토밍(아이디어 쏟아 놓기) 하게 한다. 전체 집단으로 하여금 그 예를 이야기 나누도록 한다.

토론

내용에 대한 이해

1. 문제해결에서 합리적인 접근과 감정적인 접근 중 어느 것이 더 보편적이라고 생각하나요?
2. 두 접근 중에서 어느 것이 더 효과적이라고 생각하나요?
3. 합리적인 방법으로 문제를 해결할 때, 어떤 점이 가장 어렵다고 생각하나요? 만약 여러분이 감정적인 방법으로 반응하는 유형이라면, 이제까지 진정으로 문제를 해결해 왔다고 생각하나요?

개인에게 적용하기

1. 여러분은 문제를 감정적으로 해결하는 경향이 있나요, 아니면 합리적으로 해결하는 경향이 있나요? 어떤 방법이 더 큰 대가를 요구하나요?
2. 만약 여러분이 문제해결 접근에서 더욱 감정적인 경향이 있다면, 어떻게 해야 여러분 자신을 변화시킬 수 있다고 생각하나요? 더욱 합리적으로 반응하는 것에서 어떤 이익을 얻었나요?

지도자 유의사항

음악은 청소년에게 영향력 있는 매체이다. 대중가요의 가사 속에 깃들여 있는 메시지에 대해서 가르치는 것은 그들에게 합리적인 접근과 감정적인 접근을 구별하게 하고, 또한 대중가요 속에 종종 깃들여 있는 무력감을 인식하도록 도울 수 있다. (노래를 식별하기 위해서 라디오 방송의 인기가요 프로그램을 듣거나, 또는 몇몇 학생에게 이 일을 도와 달라고 사전에 부탁하도록 한다.)

96. 목표

목표

현실적인 목표와 비현실적인 목표를 구별하는 것을 배운다.

준비물

〈목표〉 활동지(유인물 42)

진행 절차

1. 목표(노력을 다해 지향하는 것의 최종점)의 의미에 대해 토론한다. 학생들에게 그들이 가지고 있는 목표의 예를 이야기 나누게 한다.
2. 이 활동의 목적은 현실적이고 도달가능한 목표와 너무 광범위하거나 비현실적이라서 도달하기 불가능할 것 같은 목표를 구별하는 것이라고 설명한다. 만약 내가 졸업을 위해 꾸준하게 적절한 학점을 취득해 왔다면, 고등학교를 끝마치는 것은 현실적인 목표가 될 수 있다. 만약 졸업에 필요한 학점을 채우기 위해서 한 학기에 여덟 과목이나 수강해야 한다면, 자신의 학급 친구와 함께 졸업하고자 기대하는 것은 비현실적인 목표가 될 수 있다.
3. 학생들에게 〈목표〉 활동지(유인물 42)를 나누어 주고, 어느 상황이 현실적이고 비현실적인지를 결정하게 한다.
4. 반응을 이야기 나누도록 한다.

토론

내용에 대한 이해

1. 현실적인 목표와 비현실적인 목표를 구별하는 것이 어려웠나요? 이러한 두 유형 간의 차이점은 무엇인가요?
2. 한 시점에서는 비현실적인 목표인 것이 다른 시점에서는 현실적인 목표로 되는 것이 가능하다고 생각하나요?

개인에게 적용하기

1. 여러분의 목표가 현실적으로 보이나요, 아니면 비현실적으로 보이나요? 만약 비현실적이라면, 더욱 현실적으로 만들기 위해서 여러분은 어떤 것을 할 수 있다고 생각하나요?
2. 비현실적인 목표를 갖는 것에서 어떤 이점을 찾을 수 있나요?

지도자 유의사항

비현실적인 목표를 갖고 잠시나마 환상에 잠겨 보는 것은 사람들에게 미래의 있음직한 일들을 생각해 보도록 도움을 줄 수도 있겠지만, 비록 그렇다 하더라도 현실적이고 도달 가능한 목표는 학생들에게 현재와 미래 모두를 위해 그들의 삶에 초점을 맞추도록 돕기 때문에 장기적으로 더 도움이 된다.

[유인물 42]

〈목표〉 활동지

지시사항: 다음의 상황을 읽고, 이 사람의 목표가 현실적인지(현), 혹은 비현실적인지(비)를 결정하세요.

_________ 1. 수경이는 대학에 가기를 원한다. 현재 그녀는 고 3이며, 기하학을 2년간 들었으나 고급 과학은 듣지 않았고, 단지 한 과목의 고급 영어를 들었다.

_________ 2. 보람이는 고등학교에서 상연된 몇 작품에서 연기하였다. 지역 극장에서 공연한 적이 있고, 몇 년 동안 연기 수업을 받아 왔다. 그녀는 연극에 종사하기 위해 졸업 후에 서울에 갈 것이다.

_________ 3. 혜원이는 낮은 임금을 받으며 은행에서 일하고 있다. 고등학교 졸업 직후에 남편과 결혼하였다. 남편은 현재 기계 수리공으로 일하고 있는데, 과거 몇 년 동안 직업을 몇 번 바꾸었다. 그는 혜원에게 자기가 천직을 발견했으며, 3개월 이내에 자기 가게에서 으뜸가는 수리공이 될 거라고 장담한다.

_________ 4. 상수는 학교에서 매우 열심히 공부한 적이 없다. 그의 성적은 대부분 80점대이고, 70점대가 몇 개 있다. 그의 아버지는 항상 그에게 많은 돈을 주어 왔다. 그는 이제까지 몇 개의 직업을 가져 봤지만 즐거운 시간을 포기하고 일해야 한다는 것이 싫어서 몇 주 후에 일을 그만두곤 하였다. 그는 이제 최상 10위 안에 드는 대학에 가려고 한다. 그는 자기가 모두 90점대를 받을 것이고, 그러면서도 여전히 즐기는 시간을 가질 수 있다고 확신을 갖고 말한다.

_________ 5. 지현이는 이번 학기 내내 모든 학업이 매우 뒤처져 있다. 일주일을 남겨 두고, 그녀는 모든 숙제를 제출할 수 있을 뿐 아니라 학기말 고사에서도 역시 90점대를 받을 수 있다고 말한다. 지난 학기까지 그녀의 평균 성적은 80점대였다.

_________ 6. 석구는 과학자가 되기를 원했다. 그는 어렸을 때, 현미경과 화학 도구를 갖고 몇 시간을 보내곤 했다. 학교에서는 모든 가능한 과학 수업을 들었고, 또한 매우 잘하였다. 그는 과학 장학금을 신청한 상태이며, 자기가 그것을 탈 좋은 기회라고 생각한다.

97. 어떻게 결정할 것인가

목표

자신에게 최상의 이익이 되도록 결정하는 방법을 배운다.

준비물

필기도구

진행 절차

1. 다음의 결정을 칠판에 적는다.

- 해야 할 다른 어떤 것이 생각나지 않아서 군에 입대하려고 결정함.
- 친구 모두가 미용사를 하고 있으므로 미용학교에 가려고 결정함.
- 담배를 피우지 않으면 친구들이 놀릴까 봐 두려워서 담배를 피우려고 시도함.
- 그렇게 하는 것이 편안하게 느껴지지 않기 때문에 이성 친구 및 다른 친구들과 함께 밤을 보내지 않음.
- 중요한 시험에서 부정행위를 할 기회가 있었지만 어쨌든 그 내용은 나중에 어느 때라도 알아야만 할 것으로 생각하기 때문에 부정행위를 하지 않음.

2. 학생들은 이러한 결정들을 읽은 후에 어떤 결정에서 그 사람이 앞서 생각하고 있으며, 또한 자신에게 최상의 이익이 되게 행동하고 있는가를 토론한다. 자신에게 최상의 이익이 되게 행동하는 것에 포함되는 요소들을 밝혀 낸다. 그 요소에는 결과를 예상하는 것, 그것이 비록 친구들이 나에게 하기를 원하는 것과 다를지라도, 자신이 옳다고 느껴지는 것을 하는 것, 수동적으로 반응하는 객체로서가 아니라 능동적으로 행동하는 주체로서 어떻게 자신의 인생을 주관하고 책임질 수 있는가를 고찰하는 것 등이 있다.

토론

내용에 대한 이해

1. 여러분과 같은 연령의 아이들이 보통 자신에게 최상의 이익이 되는 결정을 한다고 생각하나요?
2. 그렇게 하지 않는다면, 그들로 하여금 그렇게 하지 못하도록 막는 것이 무엇이라고 생각하나요?

개인에게 적용하기

1. 여러분이 최상의 이익이 되도록 행동하는 것은 여러분에게 문제가 되나요? 만약 그렇다면, 무엇이 여러분을 방해하나요? 그리고 여러분은 그것에 대해서 어떤 것을 할 수 있나요?
2. 오늘 배운 것을 여러분의 인생에 어떻게 적용할 수 있을까요?

지도자 유의사항

청소년들에게는 결정할 많은 선택이 있기 때문에 자기 자신에게 최상의 이익이 되도록 결정을 내리는 방법을 인식하도록 강조한다. 그렇게 하는 것은 어려울 수 있겠으나, 많은 선택이 자신에게 있다는 것을 깨닫는다면, 아마도 그들은 더욱 신중하게 대안들을 고려하기 시작할 것이다.

98. 결정해야 할 시간

목표

즉각적인 결정과 장기적인 결정 간의 차이를 구별하는 것을 배운다.

준비물

종이, 필기도구, 가위, 소형 봉투(4장), 전지, 테이프, 마커펜

진행 절차

1. 몇 명의 학생들에게 일정한 시간 배열(3개월, 6개월, 9개월, 1년) 내에서 내려야 할 결정 한 가지를 예로 들게 하면서 이 활동을 시작한다. (교실 전면에 붙인) 전지에 시간 배열 내에 해당하는 예를 적는다.
2. 학생들에게 종이를 4가지의 시간 배열로 나누게 한 후, 한 개 이상의 기간 내에서 개인적으로 내려야 할 결정들의 목록을 적게 한다.
3. 학생들에게 4개의 봉투를 나누어 준 후, 종이에 적은 결정들을 개별로 잘라 해당 봉투(3개월, 6개월, 9개월, 1년)에 넣도록 한다.
4. 각 결정마다 그 기간 내에 자신으로 하여금 그러한 결정을 내릴 수 있도록 도움을 주는 요인들을 봉투 바깥에 적게 한다.
5. 소집단으로 하여금 기간별 결정의 예와 결정 과정에서 고려할 요인들을 이야기 나누도록 한다.

토론

내용에 관한 이해

1. 다양한 기간별로 결정들을 확인하는 이 활동은 무엇과 같았나요? 이러한 방식으로 기간별로 구분하여 결정들을 확인하는 것이 다수의 결정을 내릴 때의 압도감에 비해 덜 부담스럽게 느껴지나요?

2. 이러한 결정을 내리는 데 있어서 고려해야 할 요인들이 무엇인지 확인하는 일이 얼마나 수월했나요?
3. 단기적인 결정을 내릴 때 수반되는 과정은 장기적인 결정을 내릴 때 수반되는 과정과 동일한가요?

자신에게 적용하기

1. 지금 이 시점에서 여러분을 가장 무겁게 짓누르고 있는 내려야 할 결정은 무엇인가요?
2. 여러분이 무엇을 결정하는 데 있어서 가장 어려운 부분은 무엇인가요?
3. 앞으로 결정하는 데 있어서 여러분에게 도움이 될 어떤 것을 다른 학생들로부터 배웠나요? 만약 그렇다면, 여러분의 상황에 이러한 지식을 어떻게 적용할 것인가요?

지도자 유의사항

종종 다수의 결정을 하는 것이 벅찰 수 있다. 다수의 결정을 시간 배열로 구분하여 봉투에 나누어 넣는 것은 이 과정을 더 쉽고 효과적으로 해 내도록 돕는다.

[고등학교 2 · 3학년]

인간관계

99. 무엇을 변화시킬 것인가

목표

자신은 다른 사람을 변화시킬 수 없으며, 단지 그들을 대하는 자신의 반응만을 바꿀 수 있을 뿐이라는 것을 배운다.

준비물

〈무엇을 변화시킬 것인가〉 목록표(유인물 43), 필기도구

진행 절차

1. 학생들에게 대통령이 한 어떤 일에 대해서 화가 난 적이 있었는지를 질문하면서 이 활동을 시작한다. 그들 중 몇 명이 대통령의 신념이나 행동을 변화시키는 데 성공했는지 물어본다. 이 활동의 목적은 우리가 다른 사람을 변화시킬 수 있는 힘을 어느 정도 갖고 있는가를 확인해 보려는 데 있다는 점을 강조한다.
2. 학생들을 3명씩 한 집단으로 나누고, 〈무엇을 변화시킬 것인가〉 목록표(유인물 43)를 나누어 준 후에 각 상황에서 어떤 것을 할 것인지를 토론하게 한다.
3. 전체 집단으로 하여금 반응을 이야기 나누도록 한다.

토론

내용에 대한 이해

1. 각 상황에서 여러분은 어떤 것을 하려고 결정했나요?
2. 다른 사람을 변화시키는 것이 진정으로 가능하다고 생각하나요?

개인에게 적용하기

1. 다른 사람을 변화시키려고 시도해 본 적이 있나요? 여러분의 경험은 어떠한 것이었나요?
2. 다른 사람에 대한 여러분의 반응을 변화시키려고 노력해 본 적이 있나요? 여러분의 반응을

변화시키려는 일을 어떻게 시작하였나요?

지도자 유의사항

이 시기의 학생들은 자신이 바라는 대로 일들을 진행시킬 수 있다고 종종 믿는다. 다른 사람을 변화시키려는 그들의 바람을 인정하는 것과 동시에 그 믿음이 얼마나 현실적인가를 그들이 평가하도록 돕는 것은 매우 중요하다. 적극적인 의사소통 기술은 학생들에게 자신의 감정을 표현하도록 돕고, 이와 아울러 자신의 통제력의 한계를 인식하도록 도울 수 있다.

[유인물 43]

〈무엇을 변화시킬 것인가〉 목록표

지시사항: 만약 여러분이 다음의 상황에 처해 있다면, 어떤 것을 할 것인지 결정하세요.

1. 나의 조부모님은 내가 생각하기에 데이트에 대해 구식의 사고방식을 갖고 계신다. 예를 들어, 여자가 남자에게 전화를 거는 것이나 여자가 데이트 비용을 지불하는 것, 또는 부모님이 집에 안 계실 때 남자와 여자가 함께 집에 있는 것은 적절치 못하다고 생각하신다. 만약 여러분의 조부모님이 이러한 견해를 갖고 있다면, 여러분은 어떻게 하겠는가? 여러분은 이러한 견해를 변화시키려고 노력하겠는가? 혹은 조부모님의 생각에 대해 여러분이 반응하는 방식을 바꾸겠는가?

2. 나의 가장 친한 친구가 여름 동안 유럽에 여행을 갔다가 동행했던 다른 여행자로부터 강한 종교적 영감을 전도 받고 돌아왔다. 그 친구는 나에게 메시지를 전해 주었고, 자기와 함께 교회에 가자고 권하였다. 나는 진정으로 그 친구가 넋을 잃고 있다고 생각한다. 여러분이라면 어떻게 하겠는가? 친구를 변화시키려고 시도하겠는가? 친구를 따라서 함께하겠는가? 여러분은 친구에게 반응하는 방식을 바꾸려고 노력하겠는가?

3. 나의 친구 중 한 명이 임신을 하여 낙태하려고 한다. 나는 낙태가 옳다고 생각하지 않으며, 그 상황은 나를 매우 혼란스럽게 만들었다. 나는 그 친구에게 몇 번 말해 보았으나, 친구는 절대 마음을 바꾸지 않을 것이다. 여러분이라면 어떻게 하겠는가? 계속 말할 것인가? 가치관의 차이로 인해 그 친구와의 관계를 끊을 것인가? 서로 간에 차이가 있지만 여러분은 그 친구를 변화시킬 수 없다는 것을 인정하겠는가?

4. 나는 맥주를 마시고 담배를 피우는 아이들 집단과 어울리는 데 익숙하다. 나도 그러한 것을 했었지만, 이제는 그만둘 결심을 했다. 지금은 집단의 다른 아이들이 나와 같이 느끼지 않는 것에 정말로 화가 난다. 여러분이라면 그들에게 음주와 흡연을 그만두도록 납득이 가도록 설득하겠는가? 여러분은 그들의 친구이기를 그만두겠는가? 여러분의 행동을 바꾸어서 다시 음주와 흡연을 시작하겠는가?

5. 나의 친구 중 한 명이 내가 생각하기에 정말로 나쁜 영향을 줄 수 있는 사람과 데이트하려고 한다. 나는 친구에게 말해 보겠지만 친구는 듣지 않을 것이다. 친구는 자기가 그 사람을 변화시킬 수 있으며, 자기 자신이 무슨 일을 하고 있는지 잘 알고 있다고 단언한다. 여러분이라면 친구가 상처 입을 것이며, 또한 그 사람을 만나서는 안 된다고 친구에게 납득이 가도록 설득하겠는가? 친구가 하고 싶은 것을 하도록 내버려 둘 것인가? 친구가 자기 스스로에게 무엇을 하고 있는지 끝내 알지 못할 것이기 때문에 여러분은 그의 친구이기를 그만두겠는가?

100. 다른 사람에 대한 부정적인 감정

목표

다른 사람에 대한 부정적인 감정과 그것에 대한 비합리적인 신념 간의 관계를 배운다.

준비물

없음

진행 절차

1. 학생들에게 관계를 맺었던 어떤 사람에게 부정적인 감정을 가졌던 때를 생각해 보게 한다. 그러고 나서 학생들에게 관계에서 무엇이 부정적이었는지 또한 그들이 어떻게 느꼈었는지를 확인하게 한다(예를 들어, 남자 친구나 여자 친구가 집에 있기를 바랐는데, 집에 없어서 화가 났다.).
2. 비합리적인 신념의 의미를 검토한다. 비합리적인 신념이란 다른 사람은 어떻게 행동해야만 한다라는 당위성으로 특징되며, 이러한 당위성으로 인해 과잉 일반화가 일어나고, 상황을 실제보다 더 안 좋다고 생각하거나, 자신을 필요 이상으로 가혹하게 비하하게 된다는 점을 지적한다. 다른 사람과의 관계에서 생긴 부정적인 감정과 자신의 비합리적인 신념 간의 관계를 토론한다. 예를 들어, 원하는 때에 남자 친구나 여자 친구가 집에 없다는 것을 알고는 모든 사람이 화를 내지는 않을 것이다. 그러나 만약 과잉 일반화하여 그 친구가 다른 사람과 함께 있는 것으로 간주하거나, 자신이 중요하지 않다라든가, 그 친구가 자신에게 거짓말을 하는 것으로 간주한다면 화가 날 것이다. 비합리적으로 생각하는 경우에는 그 친구는 아마도 예측하지 못한 일로 인해 집에 있지 못하게 되었을지도 모르며, 또한 그 사실 자체는 실제로 화를 돋울 일이 아니라는 것을 고려하지 못하게 된다.
3. 학생들을 2명씩 짝을 지어 관계에서의 부정적인 감정이 비합리적인 신념과 어떻게 연관될 수 있는지 토론하게 한다.

토론

내용에 대한 이해

1. 비합리적인 신념이 관계에 대한 감정에 어떤 영향을 주나요?

개인에게 적용하기

1. 관계에서 여러분이 경험하는 부정적인 감정과 비합리적인 신념 간에 어떤 연계를 찾을 수 있나요?
2. 만약 관계에 대한 여러분의 신념이 변화한다면, 관계는 어떻게 변할 수 있다고 생각하나요?
3. 오늘 배운 것 중 어떤 것을 여러분의 현재 관계에 적용할 수 있을까요?

지도자 유의사항

인간관계 상황에서의 감정과 신념 간의 연계를 강조하는 것은 학생들로 하여금 부정적인 감정에 지배되어서는 안 된다는 것을 깨닫도록 돕는 방법이 된다. 이러한 생각을 이해하는 것은 학생들로 하여금 친구뿐 아니라 어른에 대해서도 잘 처신하도록 도울 것이다.

101. 자기 대화

목표

관계 속에서 부정적인 감정을 줄이기 위하여 자기 대화를 사용하도록 배운다.

준비물

종이, 필기도구

진행 절차

1. 고등학교 2 · 3학년을 위한 인간관계: 활동 2(다른 사람에 대한 부정적인 감정)에서 다른 자료를 검토한다. 학생들에게 부정적인 관계 경험을 한 가지씩 종이에 적게 하고, 감정과 그것에 관련된 비합리적인 신념을 찾아내게 한다. 예를 들어, 내가 지난번에 자동차를 사용했을 때, 나는 가겠다던 도서관에는 가지 않고 대신 시내를 돌아다녔기 때문에 나의 부모님은 내가 차를 사용하도록 허락하지 않으실 거라고 가정해 보라. 나는 화가 나서 부모님은 나에게 차를 사용하는 것을 허락해 주어야 하며, 또한 부모님은 나를 전혀 신뢰하지 않고 나를 항상 부정하신다고 나 자신에게 말하게 될 것이다. 또한, 만약 차를 사용하지 못한다면 주말은 망칠 것이고, 그런 상황은 정말 끔찍하다고 나 자신에게 말하게 될 것이다.
2. 부정적인 신념의 결과로 생기는 부정적인 감정에 대처하는 한 방법으로서 자기 대화의 개념을 소개한다. 앞에서 든 예에서 사용될 자기 대화에는 다음과 같은 질문들이 포함될 수 있다.

- '내가 자동차를 사용할 수 없는 것이 그렇게 끔찍한 일인가?'
- '만약 내가 차를 사용하지 못한다면 나는 죽게 될까?'
- '지금 부모님이 나를 신뢰하지 않는 것이 계속 그러리라는 것을 의미하는가?'
- '지난주에 내가 가겠다고 한 곳을 가지 않았는데, 왜 부모님은 나에게 차를 사용하도록 허락해 주셔야 하는가?'

이러한 질문을 하는 것이 어떤 문제를 더 나은 시각으로 보도록 하고, 또한 부정적인 감정의 강렬함을 줄이도록 하는지 토론한다.

3. 학생들을 2명씩 짝을 지어 그들이 찾아냈던 몇 가지 예에서 자기 대화를 어떻게 사용할 수 있는지 토론하게 한다.
4. 몇 명의 지원자를 뽑아 그들에게 자기 대화를 적용했던 상황과 자기 대화의 예를 이야기 나누도록 한다.

토론

내용에 대한 이해

1. 자기 대화란 무엇인가요?
2. 여러분의 상황에 적용할 수 있는 자기 대화를 생각해 내는 것이 어려웠나요?

개인에게 적용하기

1. 여러분은 이전에 자기 대화를 사용해 본 적이 있나요? 만약 있다면, 그것은 관련된 다른 사람에 대한 여러분의 반응에 어떤 효과를 주었나요?

지도자 유의사항

학생들은 처음에는 자기 대화는 현실적이지 않다고 생각하거나, 혹은 자기 대화는 자신이 어떻게 느끼는가에 아무런 변화도 주지 않는다고 생각할 것이다. 만약 학생들이 자기 자신과 대화하면서 상황에 대해 더욱 현실적으로 될 수 있다면 그들이 다른 사람이나 상황을 변화시키는 것이 아니라, 그들 자신이 부정적으로 느끼는 정도를 변화시킬 수 있게 된다는 점을 지적해 주면서 신념과 감정 간의 연계를 강조한다.

102. 나에게 의존하는가

목표

관계에서 건강한 의존성과 건강하지 못한 의존성 간의 차이점을 구별하는 것을 배운다.

준비물

없음

진행 절차

1. 의존성(지지나 도움을 위해 다른 사람에게 의지하는 것, 영향 받거나 통제 받는 것)의 의미에 대해 토론한다.
2. 의존성은 건강하거나 건강하지 않을 수 있다는 것을 알려 주고, 각각의 예를 들어 이야기를 나눈다. 건강한 의존성은 예를 들어, 자신의 남자 친구나 여자 친구에게 자신과의 교제를 지속하길 바라는 것, 반면에 불건강한 의존성은 그 친구의 인정을 너무 원해서 그 친구가 함께하기를 원할 때면 언제라도 시간을 내려고 하는 것이다. 건강한 의존성은 스트레스가 높은 시기에 지지와 격려를 받기 위해 어떤 친구에게 의존하는 것인 반면에, 불건강한 의존성은 결정을 내려야 할 때마다 항상 도움을 구했던 친구에게 의존하는 것이다.
3. 학생들을 3~4명씩 한 집단으로 나누고, 건강한 의존성과 불건강한 의존성의 예를 브레인스토밍(아이디어 쏟아 놓기) 하게 한다.
4. 10분 후에 각 유형의 예를 들어 이야기를 나누게 한다.

토론

내용에 대한 이해

1. 브레인스토밍 하는 동안에 건강한 의존성과 불건강한 의존성 간의 차이점을 구별하는 것이 어려웠나요?
2. 불건강한 의존성의 부정적인 결과는 무엇인가요?

개인에게 적용하기

1. 여러분은 불건강한 의존성이 있다고 느껴졌던 관계 속에 처해 본 경험이 있나요? 그것에 대해서 어떻게 느꼈나요? 이러한 관계에서 발생한 장기적인 부정적 결과가 있었나요?
2. 관계에서 불건강한 의존성이 생기는 것을 막기 위해서 여러분이 할 수 있는 것은 무엇이라고 생각하나요?

지도자 유의사항

인간관계에서 불건강한 의존성은 낮은 자아 존중감, 승인과 인정에 대한 높은 욕구, 불안정감, 주장성의 결핍과 관련된다. 학생들은 불건강한 의존성이 자신에게 이익이 되게 행동하는 것을 방해할 수 있다는 것과 또한 의존적인 사람은 자기 존중감을 잃기 때문에 의존적인 관계는 일반적으로 부정적인 결과를 초래한다는 것을 인식할 필요가 있다.

103. 나는 그/그녀 없이는 살 수가 없다

목표

관계가 끝날 때(실연 당할 때) 느낄 수 있는 실망감과 참담함의 차이점을 구별하는 것을 배운다.

준비물

없음

진행 절차

1. 이 활동을 소개하기 위해서 학생들에게 주제가 '나는 너 없이는 살 수 없어.'인 대중 가요나 영화, 책을 생각해 보게 한다. 일반적으로 이 주제는 관계 속의 한쪽 파트너는 관계를 깨고, 다른 파트너는 참담함을 느끼면서 자기는 더 이상 살아갈 수 없다고 생각할 때 발견된다.
2. 뒤에 남겨진 사람이 왜 그렇게 참담함을 느끼는지 학생들이 생각하는 이유를 토론하게 한다. 관계가 끝난 것을 매우 실망하는 것과 참담함을 느끼는 것 간의 차이점을 토론하게 한다.

토론

내용에 대한 이해

1. 관계가 끝날 때 참담함이나 혹은 실망감이 가장 일반적인 느낌이라고 생각하나요?
2. 참담함과 실망감 간의 차이점은 무엇이라고 설명할 수 있을까요? 여러분은 어느 것이 더 낫다고 생각하나요?

개인에게 적용하기

1. 만약 관계가 끝났을 때 참담함을 느낀다면, 여러분은 그러한 감정에 대해 어떻게 대처할 것인가요?
2. 참담함을 막기 위해서 여러분이 할 수 있는 것은 무엇이라고 생각하나요?

지도자 유의사항

사람들은 만약 어떤 사람이 자신과 관계 맺기를 원하지 않는다면 자신은 가치가 없는 인간이라고 말하거나, 혹은 다시 사랑하게 될 다른 사람을 결코 찾지 못할 것이며, 그러한 인생은 살 가치가 없다는 등의 말을 자신에게 하기 때문에 참담한 감정이 일어난다. 참담한 감정이 일어날 때, 사람들은 절망감을 느끼기 쉽고, 심지어는 자살까지 생각하게 된다. 참담함과 실망감 간의 차이점을 학생들이 인식하도록 도우며, 또한 그러한 감정은 영원히 계속되지 않는다는 것을 강조한다.

104. 무엇이 바람직한가

목표

장기적인 인간관계에서의 바람직한 특성을 배운다.

준비물

인간관계의 여러 이슈에 관련된 기사

진행 절차

1. 학생들을 세 집단으로 나누고, 각 집단에 다른 기사를 한 개씩 나누어 준다. 학생들에게 기사를 읽어 보도록 지시한다.
2. 집단 내에서 기사 내용을 비교하고, 그들이 생각하기에 불건강하거나 바람직하지 않은 특성과 관련된 사람들에게 인간관계의 문제를 일으키는 그러한 특성을 토론하게 한다. 예를 들어, 관계 속에 처해 있는 사람 중 한 사람이 아마도 다른 사람에게 거짓말을 하였거나, 아니면 아무도 감정을 열어 보이지 않았을 것이다.
3. 몇 분 후에 집단원과 함께 예를 들어 이야기를 나누게 한다. 칠판에 종합 목록표를 작성한다.
4. 어떤 긍정적인 관계 특성이 칠판에 씌어 있는 부정적 관계 특성과 대응될 수 있는지 토론한다. 이것들도 칠판에 적는다.

토론

내용에 대한 이해

1. 어떤 특성이 가장 바람직하지 않은 것으로 부각되어 보이나요? 가장 바람직한 것은 어느 것인가요?
2. 어떤 관계에서 모두 바람직한 특성만을 갖는다는 것이 가능하다고 생각되나요? 얼마나 많은 또는 어떤 바람직하지 않은 특성을 참아 내야 할까를 결정할 때, 여러분은 어떻게 결정하나요?

3. 만약 여러분이 바람직하지 않은 특성이 많이 있는 관계 속에 처해 있다면, 그러한 관계를 변화시키기 위해 어떤 것들을 할 수 있을까요?
4. 관계에 문제가 있을 때, 그것은 한 사람의 잘못인가요?

개인에게 적용하기

1. 여러분은 바람직하지 않거나 건강하지 않은 특성으로 특징짓는 관계 속에 처해 본 경험이 있나요? 그것은 여러분에게 무엇과 같았나요? 관계를 변화시키려는 데 무력감을 느꼈나요, 아니면 부정적 양상을 개선시킬 수 있었나요?
2. 더욱 바람직한 관계를 만들기 위해서 앞으로 여러분이 할 수 있는 것은 무엇이라고 생각하나요?

지도자 유의사항

인간관계에서의 문제는 단지 한 사람의 잘못이 아니라는 것을 학생들이 깨닫는 것이 중요하다. 일반적으로 두 사람의 상호작용이 문제를 만든다. 두 사람은 감정을 표현할 수 있고, 변화를 요구할 수 있으며, 문제를 해결하도록 전념할 수 있다는 것을 인식하는 것은 학생들로 하여금 불건강한 관계로 종종 결말짓게 하는 무력감을 극복하도록 도와준다.

105. 독성인가, 아니면 무독성인가

목표

건강한 관계와 건강하지 않은 관계를 구별하는 것을 배운다.

준비물

〈독성인가, 아니면 무독성인가〉 활동지(유인물 44), 필기도구

진행 절차

1. 관계에 있어서 독성과 무독성이라는 용어가 의미하는 바를 토론하면서 이 활동을 시작한다.
2. 학생들에게 〈독성인가, 아니면 무독성인가〉 활동지(유인물 44)를 나누어 주고 완성하게 한다.
3. 소집단에서 응답들을 이야기 나누도록 한다. 응답된 독성 혹은 무독성의 분류에 대해 학생들이 갖는 의문점들을 전체 집단으로 하여금 토론하게 한다.

토론

내용에 대한 이해

1. 독성인 관계와 무독성인 관계를 어떻게 구별하나요?
2. 독성인 관계에 처해 있다면, 그것을 바꿀 수 있는 여러분이 가진 가능한 방법은 무엇인가요? 만약 바꿀 수 없다면, 어떤 다른 선택을 할 것인가요?
3. 사람들이 독성인 관계에 그대로 머무르고 있는 이유가 무엇이라고 생각하나요?
4. 독성인 관계 속으로 연루되어 들어가는 것을 피하기 위해 여러분이 할 수 있는 것은 무엇이라고 생각하나요?

개인에게 적용하기

1. 여러분의 관계의 대부분이 독성이었다고 생각하나요, 혹은 무독성이었다고 생각하나요?
2. 독성인 관계에 처해 있었다면, 그것은 여러분에게 어떤 영향을 주었나요? 또한 여러분은 그것에 대하여 무엇을 하였나요?
3. 이 활동에서 여러분의 관계에 도움이 될 수 있는 어떤 것을 배웠나요?

지도자 유의사항

청소년에게 독성인 관계와 무독성인 관계에 대해 가르치는 것은 그들로 하여금 건강한 관계를 추구하고, 또한 좋은 선택을 할 수 있도록 힘을 실어 줄 것이다. 특히 중요한 것은 타이밍(적절한 시기 선택)이다. 상처 받기 쉬운 인생의 한 시점에서, 특히 연인으로의 관계를 맺게 되는 시점에서 이러한 교훈을 배우게 될 것이다.

[유인물 44]

〈독성인가, 아니면 무독성인가〉 활동지

지시사항: 다음의 상황을 읽고, 독성(독) 혹은 무독성(무)으로 분류하세요.

1. ________ 내가 외출하는 대신에 간혹 집에 있기를 원할 경우에 화를 낸다.
2. ________ 내가 다른 친구들과 어울릴 수 있는 자리를 마련해 준다.
3. ________ 내가 다른 사람과 함께 어떤 것을 하는 것을 좋아하지 않는다.
4. ________ 나에게 죄책감을 심어 준다.
5. ________ 내가 많은 사람과 함께 어울리고 싶어 하지 않을 경우에 나를 이해해 준다.
6. ________ 다른 사람들 앞에서 툭하면 나를 깎아내린다.
7. ________ 다른 사람들이 나를 넘어뜨리려 할 때 나를 옹호한다.
8. ________ 내가 모든 비용을 지불하기를 기대한다.
9. ________ 나의 시간을 존중하지 않는다.
10. ________ 내가 어울려도 될 사람과 어울려선 안 되는 사람이 누구인지를 나에게 말해 준다.
11. ________ 나에게 중요한 것들을 깎아내린다.
12. ________ 곤경에 처한 나를 돕기 위해 특별한 것들을 한다.
13. ________ 나의 가치를 비웃는다.
14. ________ 나의 의견을 경청한다.
15. ________ 나에게 진실하게 대하지 않는다.
16. ________ 항상 의존적이다.
17. ________ 나의 등 뒤에서 나에 대해 이야기한다.
18. ________ 나에게 도움이 되려고 더 많은 것을 하고자 노력한다.
19. 여러분 자신의 이야기를 덧붙여 보세요. ________________________________

찾아 보기

저자 소개

Ann Vernon 박사는 Cedar Falls에 있는 Northern Iowa 대학교의 교육행정 및 상담학과의 부교수이자 상담 코디네이터이며, Albert Ellis 박사가 운영하는 REBT 연구소의 연계기관인 중서부 REBT 센터의 소장이다. 또한 그녀는 아동과 그 가족을 대상으로 한 개업상담가이며 다양한 쟁점에 대하여 교사, 부모, 정신건강 전문가들을 대상으로 컨설팅하고 있다. Vernon 박사는 Iowa 대학교에서 상담 및 인간발달 전공의 박사학위를 받았으며, REBT 연구소에서 REBT 심리치료 고급과정 훈련을 받았다. 그녀는『당신을 더욱더 건강하게 돕기 위하여(Help Yourself to a Healthier You)』(Minneapolis: Burgess, 1989)와 같은 학생들을 위한 정서적 교육프로그램들에 대한 교재의 저자이기도 하다. 그녀의 현재 관심 연구 분야는 아동, 스트레스와 관련된 REBT 교육과 컨설팅이다.

역자 소개

박경애(Park, Kyung-Ae)

〈학력〉

미국 트루먼 주립대학교(Truman State University) 영문학 학사

미국 미주리 대학교(University of Missouri) 교육 및 상담심리학 석사 · 박사

〈경력〉

King's college London, Institute of Psychology, Psychiatry, Neuroscience, 교환교수 (2016. 3.~2016. 12.)

광운대학교 교육대학원 원장(2011. 2.~2016. 1.)

광운대학교 상담심리/심리치료교육 주임교수

〈상훈〉

국무총리상 수상

세종나눔봉사대상UN봉사대상 수상

〈학회 및 연구회〉

한국학교상담학회장(2010. 9.~2013. 2.)

한국상담심리학회 산하 인지행동치료연구회장

〈자격증〉

한국상담심리학회 상담심리사 1급

한국상담심리학회 부부/가족상담 전문가

한국상담학회 수퍼바이저급 상담전문가

한국인지행동치료학회 인지행동치료 전문가

미국 미주리 주정부 학교심리학자 자격증

미국 Albert Ellis Institute of Rational Emotive Behavior Therapy

전문가 및 전문가 지도감독 자격증(Supervisory Certificate)

신예덕(Shin, Yea-Duck)

상명대학교 문학사(국어교육 전공)

숙명여자대학교 대학원 교육학 석사(교육심리 전공)

숙명여자대학교 대학원 교육학 박사(교육심리 및 상담 전공)

현 숙명여자대학교 강사

권숙경(Kwon Sook-Kyung)

숙명여자대학교 교육심리학 학사(교육심리 전공)

숙명여자대학교 대학원 교육학 석사(교육심리 전공)

숙명여자대학교 대학원 교육학 박사과정 수료(교육심리 및 상담 전공)

국가공인 정교사 2급

한국상담심리학회 상담심리사 1급

현 하느레아동가족상담원장

김수형(Kim Su-Hyeong)

숙명여자대학교 교육심리학 학사(교육심리 전공)

숙명여자대학교 대학원 교육학 석사(교육심리 전공)

숙명여자대학교 대학원 교육학 박사과정 수료(교육심리 및 상담 전공)

국가공인 정교사 2급

한국상담심리학회 상담심리사 1급

한국상담심리학회 주수퍼바이저

현 수아람심리상담센터 대표

　명지대학교 겸임교수

중·고등학생용

REBT를 활용한 정서교육 프로그램 2

Thinking, Feeling, Behaving(Second Edition)

2018년 8월 30일 1판 1쇄 발행
2021년 7월 20일 1판 3쇄 발행

지은이 • Ann Vernon
옮긴이 • 박경애 · 신예덕 · 권숙경 · 김수형
펴낸이 • 김진환
펴낸곳 • (주)학지사
04031 서울특별시 마포구 양화로 15길 20 마인드월드빌딩
대표전화 • 02-330-5114 팩스 • 02-324-2345
등록번호 • 제313-2006-000265호

홈페이지 • http://www.hakjisa.co.kr
페이스북 • https://www.facebook.com/hakjisabook

ISBN 978-89-997-1578-5 93180

정가 17,000원

역자와의 협약으로 인지는 생략합니다.
파본은 구입처에서 교환해 드립니다.

이 도서의 국립중앙도서관 출판시도서목록(CIP)은 서지정보유통지원시스템 홈페이지(http://seoji.nl.go.kr)와 국가자료공동목록시스템(http://www.nl.go.kr/kolisnet)에서 이용하실 수 있습니다.
(CIP 제어번호: CIP2018020062)